Pareys bunte Gartentips

In der Reihe

Pareys bunte Gartentips

sind bisher erschienen:

R. Gardiner, So wird der Rasen perfekt
R. Grounds, So schneidet man Zier- und Obstgehölze
R. Grounds, So pflegt man Zimmerpflanzen
R. C. M. Wright, So vermehrt man Pflanzen im Zimmer,
     im Garten und im Gewächshaus

Die Reihe wird fortgesetzt

Ruth Gardiner

So wird der Rasen perfekt

Aus dem Englischen übertragen
und bearbeitet von

Dr. Walter Büring

Mit 131 Abbildungen,
davon 92 farbig

Verlag Paul Parey · Berlin und Hamburg

CIP-Kurztitelaufnahme der Deutschen Bibliothek

Gardiner, Ruth
So wird der Rasen perfekt / aus d. Engl.
übertr. u. bearb. von Walter Büring. – 1.
Aufl. - Berlin, Hamburg : Parey, 1978. –
(Pareys bunte Gartentips)
Einheitssacht.: The perfect lawn <dt.>
ISBN 3-489-60324-9
NE: Büring, Walter [Bearb.]

Die Originalausgabe erschien unter dem Titel
The perfect lawn
im Verlag Ward Lock Limited, 116 Baker Street, London, a member of the Pentos Group
© Ward Lock Ltd and Peter Way Ltd 1973

ISBN 3–489–60324–9

Inhalt

Einleitung

Nirgends wirkt Gras so grün wie in einem gepflegten, ebenen, sattgrünen Rasen. Jeder Gartenbesitzer ist unendlich stolz darauf, wenn er nur ein wenig rasenbewußt ist, mag sein Garten auch noch so klein sein. Das Glück über einen perfekten Rasen wird durch nichts im Garten übertroffen. Weder durch die Blütenpracht und das Farbenfeuer von Sommerblumen noch durch die Exaktheit einer gut gepflegten Hecke.

Ein perfekter Rasen – makellos und üppig an einem Sommerabend oder von Tauperlen versilbert an einem Frühlingsmorgen – ist der schönste Anblick, den ein Garten bieten kann. Er ist die Vollendung der Gartensehnsucht schlechthin, friedlich wie nur Grün es sein kann, in sich selbst ruhend. Gleichzeitig aber ein ausgezeichneter Rahmen für andere Elemente des Gartens, wie Blumen, Wege, Pflaster, Innenhöfe und Gartenornamente und nicht zuletzt für das Haus selbst.

Die Engländer sind in der ganzen Welt wegen ihres Rasens berühmt. Dafür gibt es zwei Gründe: erstens betreiben sie Rasenbau nach den heute allgemein anerkannten Methoden schon länger als irgendjemand anderes. Einige der schönsten Rasenflächen in Großbritannien – z.B. die in den Collegegärten von Oxford – bestehen schon seit 300 Jahren. Perfektion kann man jedoch heute auch in weit weniger Zeit erreichen.

Der zweite Grund ist das kühle, gemäßigte Klima der Britischen Inseln. Es ist ideal für den Rasen. Man mag zwar das britische Klima mit seinem Regen und den trüben grauen Tagen verwünschen, dem Rasen sagt es zu.

Ein perfekter Rasen wächst jedoch nirgends von allein. Man muß ihn sorgfältig planen. Der Untergrund muß angemessen vorbereitet, der Boden geebnet und die richtige Gräsermischung gesät werden. Ganz gleich, ob Saat- oder Sodenrasen, er muß gut dräniert sein, belüftet werden, regelmäßig ernährt und gemäht werden, wie und wann es nötig ist. Selbst dann noch wird sich der perfekte Rasen als Kampfplatz widerstrebender Interessen erweisen. Er ist Spielfläche für Kinder und Haustiere und gleichzeitig anfällig für alle Unkräuter, Schädlinge und Krankheiten, von denen Gräser befallen werden.

Diese und viele andere Themen, die die gesamte Rasenpflege umfassen, werden in diesem Buch behandelt. Es ist ein einfacher, verständlicher Ratgeber, mit dem Sie Ihr eigener Rasenspezialist werden.

Nachsatz des deutschen Bearbeiters

In dieser ausführlichen und verständlichen Darstellung der seit langen Jahren bei den berühmten englischen Rasen üblichen Bau- und Pflegemaßnahmen findet auch der Laie bei uns den Schlüssel für einen perfekten Rasen.

Diese treffliche Pflegeanleitung für den perfekten Rasen bietet dem schnellen Leser in den Kapitelanfängen einen guten Überblick über den jeweiligen Problembereich. Ausführliche Anleitungen werden danach bei den Einzelthemen gegeben. Dadurch und mit dem angefügten Sachwortregister gewinnt das Buch gleichzeitig den Charakter eines Nachschlagwerkes.

Rasen ist ein lebendes Wesen. Wer das beherzigt und die in dem Buch genau beschriebenen Pflegemaßnahmen durchführt, wird mit einem Rasen belohnt, der wirklich vollendet ist – und nicht nur so aussieht.

1 Rasenplanung

Ein Garten ohne Rasen wirkt unvollständig. Ob prächtiger Park oder bescheidener Garten hinter dem Haus – beide benötigen eine Grünfläche, welche die Farben der Blumen, Bäume und Sträucher zur Geltung bringt und ergänzt.

Der Rasen ist mehr als eine Grasfläche, auf der Faulenzer Sommersonnenschein tanken oder die Familie spielt. Er ist ein Hauptelement des Gartens.

Denken Sie daher über die Gestaltung Ihres Gartens als Ganzes nach, wenn Sie einen Rasen planen. Bei Neuanlage eines Gartens ist das natürlich leichter als bei einem schon bestehenden.

In jedem Fall aber müssen Sie zuerst die Größe und Lage der künftigen Rasenfläche bestimmen. Viele Faktoren sind zu berücksichtigen, darunter die Gesamtgröße des

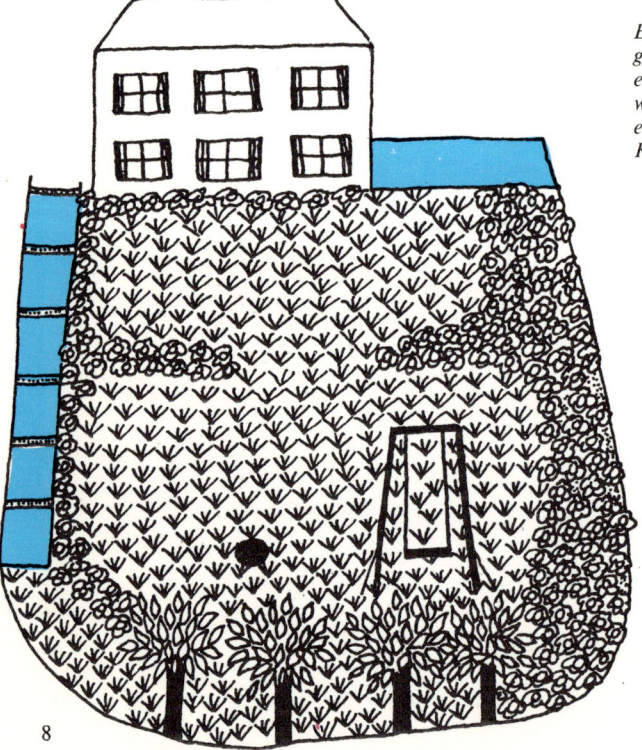

Ein großer Rasen kann doppelt genutzt werden. In Hausnähe kann er kurz und dekorativ sein. Weiter weg kann er länger wachsen und einen idealen Spielplatz für die Kinder bieten.

Gartens, die Lage bereits vorhandener Einrichtungen und die zukünftige Nutzung, falls es nicht ausschließlich ein Zierrasen werden soll.

Viele Leute, die die Neuanlage eines Gartens planen, messen dem Rasen eine zu große Fläche zu. Später stellen sie dann fest, daß für die anderen Gartenteile zu wenig Platz bleibt.

Denken Sie deshalb bei einem kleinen Grundstück in entsprechend kleinen Einheiten. Und bedenken Sie, daß ein Garten, der völlig von Gras beherrscht wird, ebenso unvollständig wirken kann wie einer ohne jeden Rasen.

Meistens ist eine möglichst nahe an der Rückseite des Hauses gelegene Fläche am besten für den Rasen geeignet. In einem Ziergarten sollten der Rasen und die Pflanzungen von Blumen, Sträuchern und Bäumen als Erweiterung des Heimes angesehen werden. Der Rasen ist dabei der Teppich des Freiluft-Wohnbereichs. Unter diesem Gesichtspunkt ist es töricht, den Rasen hinter einer Baum- und Strauchreihe so zu verstecken, daß er vom Haus aus nicht sichtbar ist.

Sogar für sehr kleine Stadtgärten gibt es viele Möglichkeiten, Rasenflächen einzuplanen.

Versuchen Sie, in einem viereckigen ummauerten Garten den Rasenplatz rund anzulegen und ihn mit einer Anzahl niedrigwachsender Stauden und Sträucher einzufassen.

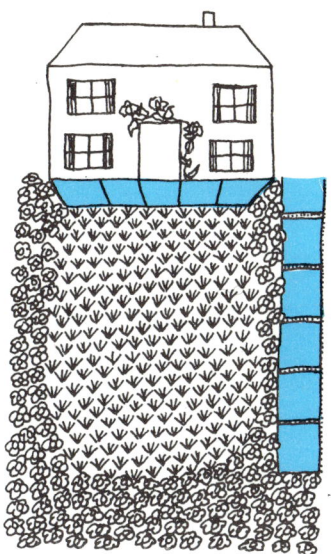

In einem Block oben eine übliche Rasenanlage – ein Rechteck, flankiert von Plattenweg und Stäuchern – bar jeder gestalterischen Idee. – Warum bei einem Rasen mittlerer Größe nicht einmal die unten gezeigte Form wählen?

ein Taschentuch sein. Flankiert von Pflaster, Steingarten und Blumenkübeln kann selbst dieses Rasenstückchen zum Glanzstück des Gartens werden.

Wenn Sie den Rasen als Spielplatz für Ihre Kinder planen, dann hat es keinen Sinn, teure Feingräser zu säen. Wo kein Kompromiß möglich ist, säen Sie strapazierfähige Gräser und schaffen Spielgeräte wie Schaukel und Sandkiste an.

Die meisten Gärten sind länger als breit. Daher sollte der Rasen in der gleichen Form angelegt werden – etwa rechteckig. Eine der Hauptregeln der Gartengestaltung fordert seit jeher das Vermeiden von geraden Linien, wo immer nur möglich. Geschwungene Einfassungen und abgerundete Ecken beim Rasen können sehr interessante Bilder ergeben. Zur

Mit einem umpflasterten ovalen Rasen senken Sie den Arbeitsaufwand und schaffen doch eine gefällige Anordnung. Ergänzen mit einem Steingarten, Bäumen und Kübelpflanzen anstelle von Blumenbeeten.

Damit heben Sie das Grün des Rasens wirkungsvoll hervor. Hat Ihr Garten eine lange, schmale Form und gibt es Kinder in der Familie, dann ist es ratsam, den Rasen in zwei Teile zu gliedern. Sie können dann für die eine Hälfte Perfektion anstreben, während die andere den Kindern als Spielplatz dienen kann.

Um den Arbeitsaufwand in einem kleinen Stadtgarten auf ein Minimum zu reduzieren, darf der Rasen buchstäblich nicht größer als

Wenn Ihr Rasen groß genug ist, pflanzen Sie darauf einige Obstbäume, von denen Sie Früchte ernten können.

◄ *Ein feiner Rasen bringt Blüten perfekt zur Geltung.*

Erleichterung der perfekten Pflege bevorzugt man jedoch heute gerade Kanten, die sich in stumpfen Winkeln treffen.

Wer Zeit und Geld sparen will, plant so einfach wie nur möglich. Oft gelingen auch dabei optimale Lösungen.

Wenn das Gras bis dicht an den Fußpunkt des Zaunes reicht, ist es nicht notwendig, eine aufwendige Einfassung zu schaffen. Ein Plattenweg kann mühelos vom Rasenmäher überfahren werden. Ein Rasen, der von großen Bäumen weit genug entfernt liegt, enthebt Sie der Notwendigkeit, Blätter zu kehren und schützt Sie vor all den anderen Rasenproblemen, die von Baumwurzeln, Blättern und überhängenden Zweigen herrühren.

Wer seinen Rasen in einem bereits bestehenden Garten anlegen will, möchte natürlich nicht all die vorhandenen Pflanzen ausreißen, um Platz zu schaffen. Die meisten Sträucher und Stauden wird man an eine andere Stelle verpflanzen müssen. Bäume können jedoch in der Regel stehen bleiben, denn Bäume und große Büsche vergrößern optisch den Rasen und gliedern ihn überzeugender in seine Umgebung ein. Es ist auch sinnvoll, Anlagen wie Steingärten und Teiche bestehen zu lassen und den Rasen um sie herum anzulegen.

Auf großen Rasenflächen lassen sich viele Ideen verwirklichen. Vom Kinderspielplatz sprachen wir bereits. Teile des Rasens können auch mit Zwiebelgewächsen besteckt werden und dürfen anschließend lang wachsen.

Wichtig ist immer der Übergang vom Rasen zu den anderen Gestaltungselementen des Gartens. Zusammen mit Teichen, Bäumen und Blumenbeeten lassen sich in großen Gärten harmonische Gesamtwirkungen schaffen.

Für den Rasen in Vorgärten gelten die gleichen Grundsätze. Allerdings sollten dort Blumen, Bäume und Sträucher im Mittelpunkt stehen.

Boden

Nur auf fruchtbarem Boden hat Rasen die Chance, zur prächtigen Grünfläche zu werden. Die Bodenfruchtbarkeit hängt vor allem von

Ein Rasen wird sehr viel anziehender aussehen, wenn Sie regelmäßige Linien durch Blumen und Sträucher auflockern. Und wenn Ihre Nachbarn sehr nahe wohnen, gibt diese Gestaltung Ihnen das Gefühl von Abgeschlossenheit.

der Bodenstruktur ab. Ein fruchtbarer Boden muß Humus enthalten, d.h. verrottetes organisches Material. Die Bodenfruchtbarkeit hängt außerdem stark vom Nährstoffvorrat im Boden ab. Diese beiden Faktoren sind eng miteinander verknüpft, da nur ein Boden mit entsprechendem Humusanteil die Fähigkeit besitzt, Dünger festzuhalten sowie die Nährstoffe dem Bedarf des Rasens entsprechend abzugeben. Böden mit Humusmangel fehlt diese Speicherfähigkeit, so daß die Dünger ausgewaschen werden und verlorengehen.

Unter diesem Gesichtspunkt ist es vernünf-

◄ Dieser Rasen, zwischen Bäumen hindurchgeführt, vermittelt ein Gefühl von Weite.

tig, den Boden mindestens 3 Monate vor der Rasenansaat zu verbessern. Früher nahm man dafür gut verrotteten Stallmist oder auch Gartenkompost. Einfacher ist es, Sie arbeiten 10 l Weißtorf je m² (= 3 DIN-Ballen/100 m²) und 10 l/m² des weißen wasserspeichernden Schaumstoffs Hygromull (bzw. auf schwerem Boden Hygropor) in die obersten 15 cm des Bodens ein. Das Hygromull benetzen Sie im Sack vor dem Ausstreuen mit dem Gartenschlauch. Dazu arbeiten Sie je m² 30 – 60 g eines synthetisch-organischen Langzeitdüngers wie z.B. Rasen-Floranid oder 100 – 150 g eines organisch-mineralischen Düngers mit mindestens 6 % Stickstoff ebenfalls mit ein.

Das Gedeihen des Rasens wird auch durch den Säurewert des Bodens (pH-Wert) beeinflußt. Am günstigsten für das Rasenwachstum ist der pH-Bereich zwischen 5, 5 und 7, 0. Sie erkennen Bodenversäuerung an dem moderigen Geruch bei warmem, feuchtem Wetter. Das Auftreten von Moosen in einem gut gepflegten Rasen ist ein weiteres Zeichen dafür. Hier hilft das Lüften und bei starker Versäuerung eine Gabe von 100 g kohlensaurem Kalk je m². Am besten lassen Sie in solchen Fällen den Boden von einer landwirtschaftlichen Untersuchungsanstalt untersuchen.

Bodenvorbereitung heißt nicht unbedingt Umgraben mit dem Spaten. Die Grabgabel kann auf leichten Böden den gleichen Dienst tun. Eine große Fläche schweren Bodens läßt man besser maschinell bearbeiten.

Gräser

Rasen in Hausgärten bestehen aus verschiedenen Gräsern, die je nach der späteren Nutzung als Gebrauchsrasen oder Zierrasen für die Aussaat zusammengemischt werden.

Der Gebrauchsrasen

Es ist die gewöhnlich hinter dem Haus liegende, ziemlich viel benutzte Fläche. Kinder spielen darauf, Erwachsene sitzen oder liegen auf ihr, und oft ist die Wäscheleine quer darüber ge-

Der Boden, auf dem Gras wachsen soll, muß fruchtbar sein. Reichern Sie ihn drei Monate vor der Rasensaat mit Nährstoffen an.

spannt. Er sollte aus breitblättrigen Gräsern zusammengesetzt sein, die robust genug sind, Belastung zu ertragen. Eine gute Gräsermischung für Gebrauchsrasen sollte aus einigen der folgenden Gräser bestehen:

Deutsches Weidelgras (*Lolium perenne*). Das gewöhnliche Deutsche Weidelgras wird nicht mehr in Rasenmischungen verwandt. Es hatte den Nachteil, lange harte Blütenstengel zu bilden, die den schärfsten Mähmessern widerstanden und auf dem frisch gemähten Rasen überall harte aufrechte Stengel hinterließen. Moderne Rasenmischungen enthalten einen Anteil von kurzwachsendem Deutschem Weidelgras, welches, wie der Name sagt, kurze Blütenstengel bildet. Weidelgras wächst gut auf allen Bodenarten, vorausgesetzt, sie sind gut dräniert und fruchtbar. Es ist breitblättrig, stark belastbar und hat eine hohe Widerstandskraft gegen Krankheiten.

Gemeine Rispe (*Poa trivialis*). Sie gedeiht auf schweren Böden, die zur Vernässung neigen. Für leichte Böden und trockene Verhältnisse ist sie nicht geeignet. Ihr Hauptvorteil ist die schnelle Rasenbildung auf entsprechenden Böden. Sie muß in Mischungen mit anderen Gräsern gesät werden.

Wiesenrispe (*Poa pratensis*). Dieses Gras ist wegen seiner Belastbarkeit und seiner Trockenheitsresistenz eine wichtige Komponente in Gebrauchsrasenmischungen. Es bildet schnell eine gute Rasendecke im Verein mit anderen Gräsern. Am besten wächst es auf leichten und mittleren Böden.

Kammgras (*Cynosurus cristatus*). Ein äußerst robustes Gras, welches nicht so leicht zertreten wird. Es übersteht längere Trockenperioden, ohne seine grüne Farbe zu verlieren. Es wird in Gebrauchsrasenmischungen mit Anteilen zwischen 10 und 15 % verwandt.

Horstbildender Rotschwingel (*Festuca commutata*). Hat dunkelgrüne Blätter, die ihre Farbe das ganze Jahr über behalten. Er ist auch sehr resistent gegen Boden-Trockenheit und gedeiht überall, außer auf kalten, stark tonhaltigen Böden. Zwei andere brauchbare Rot-

Wählen Sie Ihre Gräsermischung aus den auf diesen Seiten abgebildeten Arten. Berücksichtigen Sie dabei die voraussichtliche Belastung des Rasens. Die ersten fünf Gräser sind robust und stark belastbar, von links nach rechts:
1. Kammgras
2. Deutsches Weidelgras
3. Schafschwingel
4. Wiesenrispe
5. Horstrotschwingel

schwingel-Arten sind der **Schafschwingel** (*Festuca ovina*) und der **Härtliche Schwingel** (*Festuca duriuscula*).

Ausläufertreibender Rotschwingel (*Festuca rubra rubra*). Ist ein ziemlich feinblättriges Gras, welches in Gebrauchsrasenmischungen wegen seiner guten Rasenbildung enthalten ist. Sein charakteristischer Vorteil ist die Fähigkeit, sich mit unterirdischen Ausläufern auszu-

15

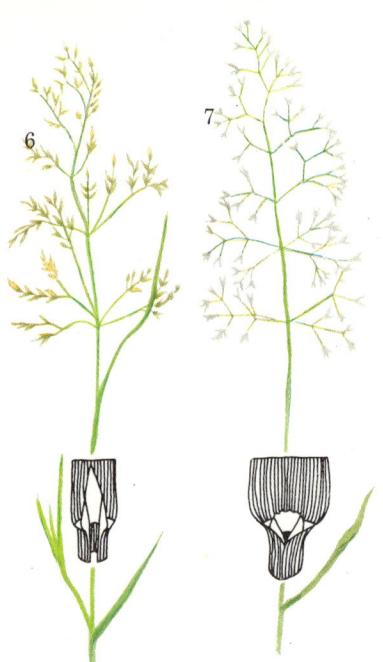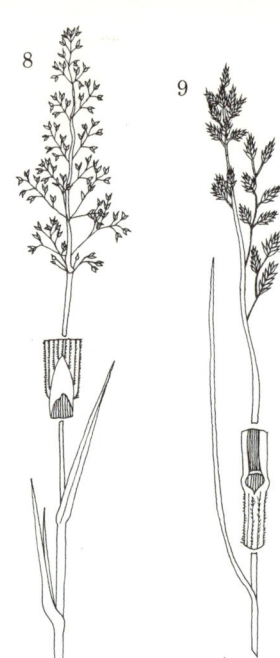

Die beiden anderen Gräser sind mehr für Zier-
rasen geeignet:
6. Hundsstraußgras (Agrostis canina)
7. Rotes Straußgras (Agrostis tenuis)

breiten und dabei eine feste, elastische
Rasendecke zu bilden. Der ausläufertreibende
Rotschwingel gedeiht auf allen außer den
schwersten Böden. Er bevorzugt leichte
Böden, in denen sich seine unterirdischen
Ausläufer nach Belieben verzweigen können.
   Die o.g. Gräser findet man am häufigsten in
Gebrauchsrasenmischungen. Eine gute Quali-
tätsmischung kann z.B. folgende Anteile ent-
halten:

   20% Deutsches Weidelgras
   25% Horstrotschwingel
   25% ausläufertreibender Rotschwingel
   30% Wiesenrispe

Eine Grasmischung in der o.a. Zusammenset-
zung ist ideal für alle Böden, ausgenommen die

schwersten Tonböden, die kalt und ungeeignet
für Rotschwingel sind. Auf diesen Böden sollte
an die Stelle der Rotschwingel das *Wiesenlieschgras* oder *Timothe* (*Phleum pratense*)
treten, welches normalerweise nicht in
Rasenmischungen enthalten ist. Das Timothe-
Gras gedeiht gut auf dränierten Tonböden
und bildet dort schnell einen robusten Rasen.
Hobby-Gärtner, die mit derartigen Böden
fertigwerden müssen, sollten eine gute
Fachfirma ansprechen, um sich eine Spezial-
Grasmischung etwa aus folgenden Anteilen
zusammenstellen zu lassen:

   40% Deutsches Weidelgras (Rasentyp)
   25% Gemeine Rispe
   35% Wiesenlieschgras

Der Zierrasen

Der Zierrasen, als zweiter Rasentyp, ist ein
Muster vollendeter Perfektion. Es ist gewöhnlich der Rasen vor dem Haus und besteht ausschließlich aus schmalblättrigen Gräsern.

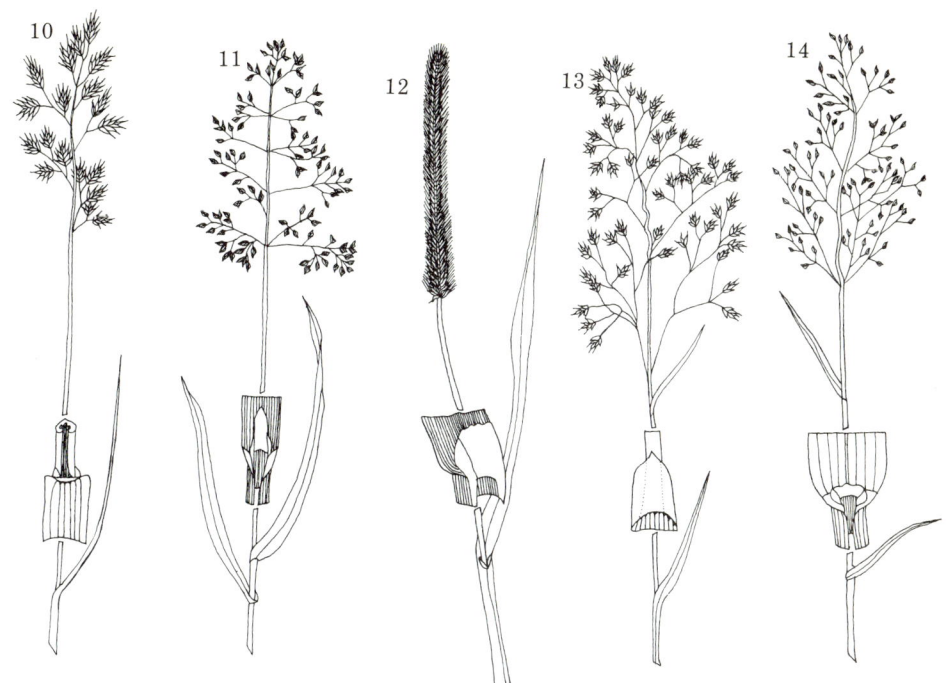

Neben den bereits erwähnten Rotschwingeln sollte er einen angemessenen Anteil eines oder mehrerer Straußgräser enthalten.

Rotes oder Gemeines Straußgras (*Agrostis tenuis*). Ist ein schmalblättriges Gras mit einem robusten Blatt, welches gegen Trockenheit widerstandsfähig ist. Es besitzt jedoch eine langsame Jugendentwicklung und muß daher gemeinsam mit anderen Gräsern ausgesät werden, um schnell einen erstklassigen Rasen zu bilden.

Flechtstraußgras (*Agrostis stolonifera*). Ist konkurrenzstark und gedeiht auf feuchten Standorten bei guter Düngung und Pflege. Dieses Gras kann gesät oder gepflanzt werden und breitet sich durch oberirdische Ausläufer aus, die sich im Boden verwurzeln.

Die Robustheit eines Grases hängt davon ab, wie Stengel und Blätter wachsen. Speziell jedoch davon, wie die Stengelknoten strukturiert sind. Wählen Sie eines der Gräser auf dieser Seite für einen Bilderbuch-Rasen, z.B.:
8. Flechtstraußgras
und fügen Sie der Mischung für einen langlebigen Rasen die nächsten drei hinzu.
9. Ausläufertreibender Rotschwingel
10. Härtlicher Schwingel
11. Gemeine Rispe
Einige Gräser gedeihen unter speziellen Verhältnissen. Wählen Sie
12. Wiesenlieschgras
für Tonböden, und die letzten zwei für Schattenlagen:
13. Drahtschmiele
14. Hainrispe

Hundsstraußgras (*Agrostis canina*). Ist dem Flechtstraußgras eng verwandt. Es verträgt Trockenheit recht gut und bildet ebenfalls Aus-

17

läufer, aber langsamer als das Flechtstraußgras.

Der Rasenliebhaber, der nach einem Qualitätsrasen sucht, wird in Standardmischungen folgende Bestandteile finden, z.B.:

60% Horstrotschwingel
20% ausläufertreibender Rotschwingel
20% Rotes Straußgras.

Eine Super-Qualitätsmischung enthält keinen ausläufertreibenden Rotschwingel, sondern besteht nur aus:

80% Horstrotschwingel und
20% Rotes Straußgras.

Diese beiden Zierrasenmischungen dürften etwa die Hälfte mehr kosten als Gebrauchsrasenmischungen, aber das Resultat ist seinen Preis wert. Einen Rasen legt man für ein Leben an, und es ist wünschenswert, nach Vollendung zu streben.

Zwei andere Gräser sind Schattenverhältnissen auch hervorragend angepaßt. Die Drahtschmiele (*Deschampsia flexuosa*) gedeiht in sonnenlosen, sandigen Lagen, während die Hainrispe (*Poa nemoralis*) in schattigen, feuchten Lagen wächst. Dieses mittelbreite Gras ist ideal für das Wachstum unter Bäumen.

2 Rasentypen

Es gibt ganz verschiedene Rasen. Am einfachsten ist die Einteilung nach guten und schlechten. Aber für jemanden, der versucht, einen perfekten Rasen zustandezubringen, ist das kaum befriedigend.

Man muß vielmehr entscheiden, welchem Zwecke der Rasen dienen soll, um danach das Beste daraus zu machen. So gesehen, gibt es drei Grundtypen von Rasen: 1. den perfekten Zierrasen, der so wenig wie möglich betreten und viel angeschaut wird; 2. den Spielrasen, dazu bestimmt, ziemlich starken Belastungen standzuhalten, aber dennoch absolut eben und geschlossen zu sein, damit der Ball ohne Ablenkung über ihn rollen kann und 3. den Gebrauchsrasen, dazu bestimmt, das Spielen, Rennen, Toben und Purzeln ungestümer Kinder und oft ebenso ungestümer Haustiere auszuhalten. Der Hauptunterschied zwischen diesen drei Rasentypen besteht in den Gräsern, die dafür benutzt werden. Der perfekte Rasen wird in Kapitel 5 „Rasenperfektion" behandelt. Die anderen Typen behandeln wir hier.

Spielrasen

Crocket, Kleingolf, Boccia, Kricket und Fußball sind einige der Spiele, denen jeder Rasen widerstehen muß. Bei Spielen auf dem hinter dem Haus gelegenen Rasen mag es nicht so darauf ankommen, aber wenn Sie einen speziellen Spielrasen planen, dann brauchen Sie vor allem eine ebene Oberfläche, auf der der Ball zuverlässig und genau springt oder rollt.

Um das sicherzustellen, gilt es, eine gute Spielrasendecke mit erstklassiger Widerstandskraft gegen Dauerbelastung zu kombinieren. Wählen Sie deshalb als Hauptbestandsbildner eine Rasensorte des Deutschen Weidelgrases, *Lolium perenne*, (z.b. Majestic, Manhattan oder Sprinter) oder das *Rote Straußgras*. Beide Grasarten sind stark belastbar, trockenheitsresistent und gedeihen in einem weiten Bereich von Bodentypen und Wachstumsbedingungen.

Wenn Sie einen Spielrasen anlegen, sorgen Sie besonders sorgfältig dafür, daß er exakt eben ist, indem Sie das immer wieder mit einer Wasserwaage prüfen, und bauen Sie gleich zu Beginn eine gute Dränage ein.

Für Crocket muß der Rasen eben und kurz geschnitten sein. Versetzen Sie regelmäßig die Tore, damit sich keine Kahlstellen bilden.

19

Bei älterem Spielrasen hilft Walzen, ihn eben zu halten. Aber sorgen Sie dafür, daß das nicht zu oft und nicht mit zu schwerer Walze geschieht, sonst riskieren Sie starke Verdichtungen und erzeugen Kahlstellen, die das Eindringen von Unkräutern und Moosen begünstigen.

Ein Rasen für Spiele muß ständig auf eine Höhe von weniger als 1,5 cm geschnitten werden, da die feinen Gräser, aus denen sich die Rasendecke zusammensetzt, extrem schnell wachsen. Die sind außerdem sehr empfindlich und Jahr für Jahr ist es eines der größten Probleme bei der Pflege von Spielrasenflächen, das Auftreten von Kahlstellen zu verhindern, die durch starke Belastung von Spielerfüßen verursacht werden. Verlegen Sie nach Möglichkeit diese Hauptbelastungszonen jedes Jahr. Nutzen Sie aber auf jeden Fall den Herbst für Regeneration und Nachsaat aller entstandenen Kahlstellen.

Für viele Spiele müssen Pfosten, Tore, Torstangen u.ä. gesetzt werden. Um zu verhindern, daß sie umfallen und daß sie den Rasen ruinieren, schaffen Sie Löcher für diese Geräte, wenn notwendig mit Metallhülsen für das Wiedereinstecken.

Das Benutzen des Rasens für Sport und Spiel ist oft Grund für Streit in der Familie. Es ist daher ratsam, schon bei der Anlage des Rasens festzulegen, welche Teile für Spiele reserviert sind und welche zur Dekoration dienen sollen, damit es später keinen Zank gibt.

Kinderrasen

Ein Rasen, auf dem Kinder toben dürfen, kann nicht in so gutem Zustand gehalten werden, wie ein nicht betretener Zierrasen. Verzweifeln Sie deshalb aber nicht. Ein strapazierfähiger Rasen,

der Dreirädern und Zeltpflöcken standhält, läßt sich aus einer Gebrauchsrasenmischung entwickeln:

Sie enthält einen Anteil der gröberen Arten Deutsches Weidelgras und Kammgras, gemischt mit den feineren Strauß- und Schwingeltypen. Rasen dieser Mischung ist leicht erhältlich.

Eine Kinderschaukel verursacht immer dort, wo die Füße den Boden berühren, eine kahle Stelle. Daher sollte sie nicht an einer auffallenden Stelle des Rasens angebracht werden. Es ist eine gute Idee, den Kindern andere Spielmöglichkeiten, z.B. einen Sandkasten zu bieten, um ihre Aufmerksamkeit vom Rasen abzulenken.

Ausgelassene Kinder und gleichmäßiger grüner Rasen sind grundsätzlich unvereinbar. Hier halten ein Klettergerüst und Schaukeln die Kinder von den Blumenbeeten fern, konzentrieren aber Belastung und Toben auf einer kleinen Stelle des Rasens. Kahlstellen wie diese unter den Schaukeln können jährlich durch Nachsaat regeneriert werden, aber die Mühe lohnt sich selten.

*Ein Rasen kann entweder als Selbstzweck an-
gesehen werden oder als Hintergrund, der den
Rest des Gartens zur Geltung bringt. Hier wurde
der zweite Gesichtspunkt gewählt.*

3 Rasenanlage

Frisch begonnen ist halb gewonnen. Ein altes Sprichwort, aber ein wahres. Und ebenso wahr für den Rasen wie für alles andere im Leben. Ganz gleich, wieviel Arbeit Sie in den Folgejahren hineinstecken, der Rasen ist nur so gut, wie ihn die harte Arbeit werden läßt, die Sie aufwenden, ehe Sie eine Rasensode legen oder die Saat ausbringen. Die Vorbereitung des Bodens mag Knochenarbeit bedeuten, speziell dann, wenn Sie einen schweren Boden haben, aber wenn Sie sich davor drücken, werden Sie es in den folgenden Jahren sehr bereuen.

Bodenvorbereitung

Bei der Bodenvorbereitung ist es nicht damit getan, die Fläche zu harken, bis sie eben aussieht. Die Vorbereitung beginnt vielmehr mit dem tiefen Umgraben. Wenn der Boden das Wasser nicht abführt, muß dräniert werden. Größere Mengen organischen Materials sind einzuarbeiten, wenn es ein leichter, trockener Boden ist, bei dem das Wasser wegläuft. Außerdem muß sich der Boden setzen. Selbst wenn diese Dinge gründlich getan werden, dann wird sich der Rasen noch uneben wie ein Waschbrett darbieten, die Täler grün und üppig wie ein irisches Moor, die Hügel so ausgedörrt wie der Gipfel einer Düne.

Die zweite Grundregel bei der Vorbereitung des Bodens besteht deshalb darin, dem Boden genügend Zeit zu geben, sich gründlich zu setzen. Lassen Sie sich daher vom Wechsel der Witterung in den Jahreszeiten helfen: Verlegen Sie das tiefe Umgraben in den frühen Herbst, wenn die Sommersonne den Boden gut getrocknet hat und er lose und krümelig ist. Lassen Sie

danach schwere Herbstregen und Fröste die Klumpen sprengen, die Sie umgegraben haben. Dann setzen Sie die Arbeit im Frühjahr mit leichterem Harken fort und bereiten ein ebenes Saatbett, in welches Ihr Rasen gesät wird.

Umgraben

Wenn Sie einen Rasen anlegen, bringt nur die gründliche Vorbereitung der Fläche vor der Saat den gewünschten Erfolg. Zuerst und vor allem muß der Boden auf Spatentiefe gründlich umgegraben werden. Dabei sind alle Steine, Schutt und Unkräuter zu entfernen. Wenn das Haus, um welches der Rasen angelegt werden soll, neu gebaut worden ist, kann der Boden sehr hart sein und das Umgraben mit dem Spaten sehr schwierig machen. In diesem Fall ist eine Grabgabel das bessere Werkzeug.

Die beste Zeit für das Umgraben und Säubern ist der Herbst, obwohl diese Arbeit während des ganzen Jahres getan werden kann. Auf schweren Böden ist es jedoch besonders wichtig, damit die Erde auf natürlichem Wege durch Regen und Frost gekrümelt werden kann. Denken Sie daran, daß alle Böden große Mengen von Unkrautsamen enthalten, die im Frühjahr keimen. Der kluge Gärtner wartet deswegen noch einige Monate und sät den Rasen lieber im Herbst als im Frühjahr.

Doch ganz gleich, ob der Rasen im Frühjahr oder im Herbst gesät wird, vorher muß die Fläche absolut eben gemacht werden. Dazu verwendet man am besten Holzpflöcke, eine gerade Latte von 3 m Länge und eine Wasserwaage. Schneiden Sie sich eine Anzahl von 2 cm starken, 20 cm langen Pflöcken und malen

Sie um jeden eine schmale weiße Linie, etwa 8 cm vom oberen Ende entfernt. Schlagen Sie die Pflöcke etwa 2,70 m voneinander entfernt in den Boden und treiben Sie den Hauptpflock so weit hinein, daß die weiße Linie mit der Bodenoberfläche abschneidet. Legen Sie nach außen die gerade Latte auf die Nachbarpflöcke, die Wasserwaage darauf und schlagen Sie den zweiten Pflock so tief ein, bis die Blase in der Waage ist. Gleichen Sie dann den Boden aus, bis die weiße Linie bei jedem Pflock mit der Bodenoberfläche abschneidet und treten Sie die Erde gründlich fest. Wenn Sie dabei Oberboden entfernen müssen, denken Sie daran, daß der Unterboden arm an Pflanzennährstoffen ist. Entfernen Sie diesen daher und füllen Sie die Vertiefung mit gutem Oberboden auf. Den ausgehobenen Unterboden verwenden Sie zum Auffüllen anderer tieferer Un-

Die Gründlichkeit, mit der Sie die Fläche vorbereiten, ist entscheidend für den Erfolg Ihrer Rasenansaat. Graben Sie alle Unkräuter mit Wurzeln aus, dann machen Sie den Boden wieder eben.

ebenheiten. Darauf bringen Sie fruchtbaren Oberboden.

Dränage

Auf leichten Böden und tiefgründigen milden Lehmen gibt es für Rasen keine Dränageprobleme. Rasen, die nach schwerem Regen voll Wasser stehen, wachsen auf schweren Lehmen, auf ebenen Großflächen oder auf tief gelegenem Gelände.

Moose, Flechten und Unkräuter sind Zeichen für schlechte Dränage, verbunden mit zu

1

Man kann für Rasen unter 3 Dränagesystemen wählen:
1. Eine Lage Steinschotter, darunter große Steine, unter dem Oberboden
2. Die Schotterlage über dem Unterboden, mit einer Lage Ziegelgrus darüber
3. Die Rohrdränage, bei welcher das Wasser durch Röhren von 5–8 cm Nutzweite läuft.

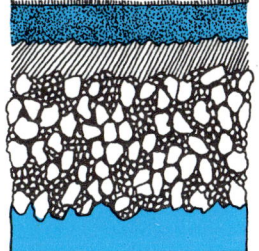

2

3

langsamer Wasserversickerung nach Regen. Die richtige Lüftung des Rasens wird hier manchen Kummer beseitigen.

Ehe Sie einen neuen Rasen ansäen, vergewissern Sie sich, daß die Fläche ein gutes Dränagesystem hat. Man kann eine Dränage einfacher und schneller in unbewachsenem Boden installieren als auf einer bestehenden Rasenfläche. Deshalb graben Sie einige Monate vor der Einsaat einen Graben, etwa 60 cm breit und mit leichtem Gefälle quer über die Fläche. Das tiefere Ende des Grabens muß 60–80 cm tief ausgehoben werden, damit die Grabensohle gleichmäßig bis zum anderen Ende aufsteigen kann. Dann graben Sie eine Entwässerungsgrube am tieferen Ende, etwa 1,20 m tief und 2 m im Quadrat breit, und füllen sie mit Steinen bis 60 cm unter der Oberfläche an.

Das Rückgrat des Dränagesystems ist jetzt fertiggestellt und die „Fischgräten" können angefügt werden, indem man geneigte Gräben an beiden Seiten des Hauptgrabens mit 3 m Abstand und in einem Winkel von rd. 45˚ zum Hauptgraben aushebt. Zum Schluß füllt man die Gräben halb mit Schottersteinen und packt darauf eine 10 cm starke Lage kleinerer Steine oder noch besser Ziegel- oder Klinkergrus.

Darauf legt man etwas Unterboden und füllt die letzten 15–20 cm mit gutem Oberboden auf.

Der Boden über dem Drängraben muß beim Einfüllen gut festgetreten werden, um spätere Sackungen zu verhindern. Auf jeden Fall lassen Sie den Gräben 3 Monate Zeit zum Setzen und füllen, wenn nötig, Oberboden nach.

Dieses „Fischgräten"-Dränagesystem ist die einzige voll befriedigende Methode, um Oberflächenwasser auf schweren Böden abzuführen. Es kann ebenso in bereits vorhandene Rasen eingebaut werden, indem man die Rasendecke in etwa 60 cm Breite längs der vorgesehenen Dränageführung abschält und den Oberboden und Unterboden wie vorbeschrieben wegräumt. Wenn die Dränage fertig ist, werden die beiden Bodenarten in der richtigen Reihenfolge zurückgeschaufelt und verfestigt. Dann werden die Soden wieder aufgelegt, nachdem sich der Boden vollständig gesetzt hat.

Die Saat

Um einen perfekten Rasen anzulegen, ist es außerordentlich wichtig, die richtige Grassamenmischung zu wählen. Die meisten Garten-

◄ Ein gut angelegter Rasen, gestört durch unzureichende Dränage.

bedarfs-Geschäfte und Kaufhäuser führen nur 2 abgepackte Rasensamen-Mischungen am Lager. Eine Mischung mit Deutschem Weidelgras für Gebrauchsrasen und die andere teurere weidelgrasfreie Mischung für Zierrasen. Diese Grundmischungen wurden von erfahrenen Samen-Fachleuten zusammengestellt, sie sind sehr gute Allzweck-Rasenstarter.

Statt eine dieser Mischungen zu wählen, können Sie sich von führenden Samenhäusern Kataloge schicken lassen. In diesen finden Sie Angaben über unterschiedliche Grassamenmischungen, deren Zusammensetzungen und ihre Verwendungsfähigkeit für die unterschiedlichen Boden- und Nutzungsverhältnisse. Z.B. werden darin Spezialmischungen für die Saat unter schattenwerfenden Bäumen angeboten, wo nur wenige Grasarten gedeihen.

Für den kundigen Freizeitgärtner, der einen maßgeschneiderten Rasen wünscht, werden die Samenhäuser ohne Schwierigkeiten eine Mischung für seine Verhältnisse zusammenstellen. Das mag 2- oder 3-mal so teuer sein wie die Standardmischungen, dürfte aber seine speziellen Ansprüche besser befriedigen und das spätere Auftreten von Problemen verhindern.

Denken Sie immer daran, daß der Schaden, den Sie in der Minute anrichten, die nur notwendig ist, um eine schlechte Saatmischung zu wählen, buchstäblich erst in Jahren wieder gutgemacht werden kann. Seien Sie vorsichtig bei Rasenmischungen, die in sehr hübsch aufgemachten Schachteln enthalten sind und hüten Sie sich auch vor denen, die eine zu große Anzahl verschiedener Gräser enthalten, sonst wird Ihr Rasen ungleichmäßig.

Normalerweise benötigt man 50–60 g Saat für 1 m². Wenn Sie jedoch die genannten feinen Gräser verwenden, ist es besser, nur 20–30 g je m² zu nehmen; dadurch werden außerdem die Kosten reduziert. Eine gute Handvoll Rasensamen wiegt etwa 30 g.

Die Aussaat

Die besten Zeiten für die Ansaat eines Rasens liegen von August bis Anfang Oktober und von April bis Mitte Mai. Wählen Sie warmes, feuchtes Wetter und säen Sie nach Möglichkeit im Herbst, damit Sie das Umgraben und die übrigen Bodenvorbereitungen im vorhergehenden Winter und Frühling durchführen und die Fläche ohne Gras den Sommer über liegenlassen können. In dieser Brachezeit werden die verschiedenen Unkräuter erscheinen. Sie können ausgehackt oder ausgegraben werden, bevor sie sich richtig einnisten.

Im Herbst ist die Fläche dann unkrautfrei und die Grassaat kann schnell keimen und gut aufwachsen, ohne die Konkurrenz der Unkräuter. Das junge Gras hat dann auch die Möglichkeit, in den frostfreien Perioden des Winters ein gutes Wurzelwerk auszubilden, welches im darauffolgenden Frühjahr ein gutes Blattwachstum ermöglicht.

Sie müssen sich zwar davor hüten, zu dünn zu säen, zu dicke Saat ist jedoch ein größerer Fehler, da keimende Gräser genügend Platz brauchen, um ein verzweigtes Wurzelwerk auszubilden, welches sich schnell zu einer Rasendecke zusammenfügt. Theoretisch sind je nach der Mischung 15–25 g Rasensaat je m² genug. Aber die meisten Experten säen bis zu 40 g aus, wegen der zu erwartenden Schäden durch Vögel. Das hat sich bewährt und ist viel billiger als die Anlage eines Rasens mit Soden.

Wiegen Sie 30 g Grassamen ab und messen Sie 1 m² aus. Darauf verteilen Sie den Samen. Daran erkennen Sie, wie dicht die Saat auf der ganzen Fläche ausgeführt werden muß.

Als nächstes teilen Sie die Gesamtfläche in 4,8 oder noch mehr gleich große Stücke auf und wiegen die Grassaat in entsprechend vielen Teilen ab. Das macht es leichter, die Saat gleichmäßig über die ganze Fläche zu verteilen. Alternativ dazu können Sie die Saat auch in mehreren Streugängen ausführen. Teilen Sie dazu das Saatgut in 4 gleiche Teile. Dann verteilen Sie 1/4 quer, 1/4 längs und die anderen beiden Viertel diagonal über die ganze Fläche. Nach der Saat harken Sie die Fläche, um wenigstens die Masse des Saatguts vor den Vögeln in Sicherheit zu bringen und treten Sie die Saat mit Brettern an den Füßen fest, um sie in guten Kontakt mit dem Boden zu bringen. Das sichert die Keimung. Walzen Sie die Saat nicht an, sonst verdichten Sie möglicherweise die Bodenoberfläche zu stark. Wenn die Saat an einzelnen Stellen zu dünn gefallen ist, zeigen sich diese als kahle Flächen, sobald das Gras aufläuft. Säen Sie diese Stellen sofort nach.

Um die Rasensaat gleichmäßig zu verteilen, ist es auch günstig, einen fahrbaren Düngerstreuer zu benutzen. Fahren Sie damit über eine Folie und wiegen Sie nach, wieviel Saatgut bei den verschiedenen Einstellungen fällt.

Sichern Sie die gleichmäßige Saat, indem Sie das Saatgut zwischen den Fingern herausfallen lassen oder arbeiten Sie nach einem 4-Punkte-Plan:
1. Saatgut abwiegen,
2. mit einem Düngerstreuer verteilen,
3. einharken,
4. festtreten.

Ein Gebrauchsrasen aus strapazierfähigen Gräsern. ▶

Wenn die Maschine z.B. 40 cm breit ist, müssen Sie 1,25 m fahren, um einen halben m² Fläche zu erhalten.

Die Sämlinge

Solange der Boden warm und feucht genug ist, keimen die Gräser in 14 Tagen bis 3 Wochen nach der Aussaat. Die Sämlinge sind überraschend robust und wenn der Boden fruchtbar ist, leiden sie selten unter irgendeiner Krankheit.

Die Grassämlinge können jedoch auch 1 Monat für den Aufgang benötigen, vor allem, wenn es kalt und trocken ist. Am schnellsten keimen Dt. Weidelgras und Rispengras.

Schwierigkeiten treten manchmal auf, wenn zu dick gesät wurde oder wenn das Wetter feucht und warm ist. Das sind Bedingungen, welche die als Wurzelbrand bekannte Pilzkrankheit fördern. Der Pilz greift die jungen Sämlinge an der Stelle an, wo die Stengel aus dem Boden kommen. Die Sämlinge fallen um und sterben ab. Spritzen Sie die Fläche, sobald sich die ersten Krankheitszeichen zeigen, mit Polyram-Combi. Dadurch wird die Ausbreitung der Krankheit verhindert.

Wie die Grassamen, keimen auch die im Boden vorhandenen Unkrautsamen. Viele von ihnen sind einjährige Unkräuter, die vernichtet werden, sobald der Rasen das erste Mal geschnitten wird, was mit einer Schere, einer Sense oder mit hochgestelltem Mähmesser erfolgen sollte. Der übrigbleibende Rest bebesteht aus mehrjährigen Unkräutern, deren Wachstum durch das Mähen gehemmt und kontrolliert wird. Sie können auch mit einem Spezial-Unkrautvernichter entfernt werden, welcher auf einem neuen Rasen einige Wochen nach dem Aufgang des Grases verwandt werden kann. Am besten erinnert man sich daran, daß die Herbstsaat weniger Unkrautprobleme bringt als die Raseneinsaat im Frühjahr.

Benutzen Sie niemals chemische Unkrautvernichter auf neu gesätem Gras, ehe der Rasen mindestens 3 Monate alt ist. Achten Sie auf die amtliche Zulassung des Mittels durch die Biologische Bundesanstalt.

Die jungen Pflanzen werden das erste Mal vorsichtig mit Schere, Sense oder hochgestelltem Messer geschnitten, um das Herausziehen mit den Wurzeln zu vermeiden.

Dünner Rasen

Mißhandeln Sie einen üppigen Rasen, und er wird bald nur noch schwach wachsen. Um zu verhindern, daß die Rasendecke dünn wird, braucht Rasen regelmäßig Düngung, dazu gute Durchlüftung und Dränage und viel Licht. Eine Rasenfläche, auf der die Saat ungleichmäßig ausgebracht wurde, zeigt unausweichlich schüttere Stellen, die sich erst in Monaten schließen und vielleicht sogar die Nachsaat notwendig machen. Unnatürlich dünne Stellen in der Rasendecke können auch von mechanischen Schäden herrühren. Zu häufiges Mähen zu falschen Zeitpunkten und Löcher, die Vögel bei der Suche nach Schädlingen verursachen, insbesondere nach den Larven der Wiesenschnake, können ebenfalls den Grasbestand verdünnen.

Pflegen Sie einen zu dünnen Rasenbestand besonders intensiv, um diese Sorge gründlich loszuwerden.

◀ Ein Qualitätsrasen aus feinen Gräsern.

Rasen-Soden

Der große Vorteil der Anlage von Rasen mit Soden ist, daß Sie einen „Sofortrasen" haben. Das schwierigste Problem besteht darin, Soden

Sie sie nicht für längere Zeit in eine Miete, da sie sich sonst erhitzen und verderben.

Rasensoden können im Herbst verlegt werden, sobald die Fläche eben oder gleichmäßig geneigt ist. Beseitigen Sie aber Hügel und Löcher, ehe Sie mit dem Verlegen beginnen, und streuen Sie etwa eine Woche vorher 50–60 g

Wenn Sie die Soden innerhalb 24 Stunden nach dem Eintreffen verlegen wollen, dann legen Sie sie mit der Grasseite zusammen und setzen sie in einen Stapel.

zu erhalten, die aus Qualitätsgräsern gezogen sind. Deshalb müssen Sie die Soden sorgfältig begutachten, ehe Sie kaufen und darauf bestehen, daß alle Soden dem Muster entsprechen.

Es gibt 3 Sodentypen: Wiesensoden sind die billigsten und am leichtesten erhältlich. Aber sie bestehen immer aus gröberen Obergräsern und sind gewöhnlich stark verunkrautet. Parksoden bestehen aus annehmbar guten Gräsern mit einigen gröberen Arten. Es sind dichte Soden, regelmäßig auf Rasenhöhe geschnitten, aber auch sie enthalten noch ruhende oder bereits aufgelaufene Unkräuter. Die feinsten, aber auch teuersten Soden, die man beziehen kann, stammen aus Betrieben zuverlässiger Fertigrasen-Produzenten. Sie werden aus feinblättrigen, niedrigwachsenden Gräsern der Arten und Mischungsverhältnisse gezogen, die den DIN-Normen für Gebrauchsrasen, Sportrasen oder Spielrasen entsprechen. Zur Sicherung der Wasserdurchlässigkeit sollten Sie darauf achten, daß die Soden nicht von einem Boden stammen, der mehr Feinerde enthält als Ihr Rasenboden.

Versichern Sie sich bei der Bestellung, daß die Soden in handlichen Größen geliefert werden, etwa bis zu 90 cm lang, 30 cm breit und nur 2–3 cm stark. Wenn die Fläche bei der Anlieferung der Soden noch nicht fertig ist oder Sie im Augenblick keine Zeit zum Verlegen haben, dann deponieren Sie die Soden einzeln mit dem Bodenteil nach unten an einem schattigen Platz und wässern sie, wenn notwendig. Setzen

eines Rasen-Spezialdüngers mit Langzeitwirkung je m². Das Anwachsen der Soden wird beschleunigt, wenn Sie außerdem 50 g Silikatkolloid Agrosil je m² geben. Prüfen Sie beim Verlegen die Schnittdicke. Dazu legen Sie jede einzelne Sode mit der Rasenseite nach unten in eine Holzlade mit etwas größeren Abmessungen als die Sode. Wenn die Sode über den Rand hervorragt, schneiden Sie den überstehenden Boden mit einer scharfen Eisenklinge oder einem Eisen-Tranchiermesser ab.

Beim Legen beginnen Sie an einem Ende der Fläche und arbeiten vorwärts, indem Sie auf den bereits verlegten Soden stehen. Es ist günstig, ein langes Brett über die neu verlegten

Um sicherzugehen, daß jede Sode die gleiche Stärke hat, legen Sie jede einzelne mit dem Gras nach unten in eine Lade mit der von Ihnen gewünschten Seitenhöhe, dann gleichen Sie den Boden durch Auffüllen oder Wegschneiden aus.

Soden zu legen und darauf zu stehen, um Schäden durch ungleiche Belastung zu vermeiden. Verlegen Sie zunächst eine Sodenlage vom Anfang bis zum Ende der Fläche.

Dabei entfernen Sie alle Unkräuter und klopfen jede von ihnen mit der Hand fest. Nehmen Sie sie wieder hoch und füllen Boden nach, wenn Sie Vertiefungen feststellen, bis sie genau in der gewünschten Höhe liegen. Halten Sie dazu einen Eimer voll Boden neben sich bereit. Dann legen Sie die zweite Sodenreihe so versetzt gegen die erste, wie Ziegelsteine beim Hausbau. In der gleichen Weise legen Sie die übrigen Sodenreihen auf der gesamten Fläche aus. Am Ende jeder Reihe werden Sie feststellen, daß die letzte Sode den Rand des Rasens überlappt. Belassen Sie das zunächst so, ohne den Rest abzuschneiden.

Wenn das Verlegen beendet ist, ist der Rand unregelmäßig und kann jetzt zu seiner endgültigen Form geschnitten werden. Wenn Sie einen geraden Rand wünschen, dann stecken Sie ihn mit einer Gartenschnur ab, ziehen Sie diese stramm und schneiden Sie mit einem scharfen Rasenkantenmesser daran entlang, indem Sie die Klinge schräg nach außen führen. Das gibt dem Rasen einen gewinkelten Rand, der stabiler ist als ein senkrechter. Dann

suchen Sie am neuen Rand nach allen Soden, die beim Abschneiden weniger als 15 cm lang wurden. Dies sind Schwachstellen, deshalb nehmen Sie sie heraus, ziehen die benachbarte Sode bis zur Ecke vor und legen das schmale Stück in die entstandene Lücke. Um einen runden oder geschwungenen Rand zu schaffen, legt man am besten einen Gartenschlauch in der gewünschten Weise auf das Gras und schneidet mit dem Eisen daran entlang. Wieder ersetzen Sie kleine Randstücke durch größere. Zum Schluß bürsten Sie Sand oder Bodenmaterial in die Stoßfugen zwischen den Soden, damit diese schneller zusammenwachsen und eine einheitliche Rasendecke bilden.

Ein Rasen aus Soden braucht etwa 4 Wochen, um festzuwachsen. Während dieser Zeit müssen Sie ihn wässern, wenn es notwendig ist. Bei entstehenden größeren Unebenheiten walzen Sie leicht über, insbesondere wenn diese durch starke Fröste hervorgerufen wurden.

Etwa nach einem Monat kann der Soden-

Verlegen Sie Soden in der gleichen Weise wie eine Ziegelmauer, damit der neue Rasen zusammenhält. Stellen Sie sich beim Arbeiten auf ein Brett, um das Gras zu schützen und den Druck zu verteilen.

rasen das erste Mal geschnitten werden. Für diesen Anfangsschnitt setzen Sie das Mähmesser bei Zierrasen auf etwa 2 cm, bei Gebrauchsrasen auf 4 cm, und walzen noch einmal leicht über, wenn Unebenheiten bestehen. Wenn die Soden im Frühjahr gelegt wurden, ist es jetzt an der Zeit, eine hohe Gabe Stickstoffdünger zu geben. Sie wird das Gras dunkelgrün und üppig wachsen lassen. Später im Frühling müssen Sie sorgfältig auf Anzeichen für Schädlingsbefall achten.

Man kann es eigentlich nicht Fertigrasen nennen, jedoch lassen sich aus vorher angezogenen Büscheln von Flechtstraußgras ebenfalls Rasen bauen. Man kann diese von Spezialfirmen erhalten und einige sehr gute Rasen sind auf diese Art und Weise entstanden. Jedoch ist Flechtstraußgras anspruchsvoll in Bezug auf den Boden und wächst nur auf leichten Böden gut, die nicht während der Anwachsphase austrocknen. Die Anlage eines Rasens auf diese Art ist teuer. Daher ist zunächst ein Versuch auf kleiner Fläche angezeigt.

Wenn Sie damit Erfolg haben, dann können Sie die gesamte Fläche bepflanzen.

Auch hier sollte der Boden gründlich vorbereitet, geebnet und mit der Harke feingemacht sein. Dann pflanzen Sie die Grasbüschel etwa alle 60 cm. Beim Pflanzen arbeiten Sie nach rückwärts, also weg von der bepflanzten Fläche, damit Sie die Pflänzlinge nicht mit den Füßen zertreten.

Nach dem Pflanzen werden die Gräser in Böden, die ihnen zusagen, schnell Wurzeln bilden. Jede Pflanze breitet sich später mit unterirdischen oder oberirdischen Ausläufern aus, von welchen sie an vielen Stellen Wurzeln in den Boden absenkt. Um das Bewurzeln zu unterstützen, bringen Sie die Ausläufer in flache Rillen, drücken Sie sie an und wässern die Fläche bei Trockenheit jeden Abend.

Erst auf eine völlig ebene Fläche, die immer und immer wieder mit der Wasserwaage geprüft ist, kann man einen Rasen aus Soden verlegen. Der fertige Rasen wird diese Mühe danken.

4 Rasenpflege

Es ist immer schöner, etwas Neues zu schaffen, als Fertiges in Ordnung zu halten. Nun, fast immer ist der Rasen, bestimmt aber der perfekte Rasen, das beste Beispiel für eine Ausnahme von dieser alten Regel. Vor allem, weil der perfekte Rasen niemals vollendet perfekt ist. Er ist immer im Stadium des Wechselns: besser in diesem Jahr als im letzten, schlechter in dieser Ecke, verbessert in einer anderen oder strapaziert in der Mitte. Besucher Ihres Gartens mögen glauben, daß Ihr Rasen perfekt ist, aber nur Sie allein wissen, wo seine schwachen Stellen sind und was dagegen getan werden muß. Vielleicht empfindet man die größte Befriedigung gerade in der Tatsache, daß der Rasen niemals vollendet sein kann in der Weise, wie z.B. ein Bild, das fertiggemalt ist. Deshalb geht das erfinderische Bemühen um den perfekten Rasen immer weiter.

Wenn Sie nach Planung des Rasens, nach Untersuchung des Bodens, nach der knochenharten Arbeit des Anlegens von Dränagesträngen oder des Einarbeitens von organischem Material auf leichten Böden, wenn Sie nach sorgfältiger Wahl der Rasengräser, nach Einebnung und dann nach dem Ausbringen der Rasensaat oder dem Auslegen der Soden jeden weiteren Ratschlag dieses Buches wortgetreu befolgen, dann werden Sie sich der Perfektion soweit nähern, wie das bei einem Rasen überhaupt nur möglich ist.

Nun gibt es eine Binsenwahrheit über den Rasen, die so grundlegend ist, daß viele Bücher sie zu erwähnen vergessen und die meisten Leute ihrer nie gewahr werden, und das ist ganz einfach diese:

Ein Rasen ist ein lebendes Wesen.

Die meisten Leute sehen ihren Rasen als einen Freilufteppich an und mähen ihn so oft, wie sie mit dem Staubsauger über den Wohnzimmerteppich gehen. Das ist grundfalsch. Der oberste Grundsatz, den jemand begreifen muß, der einen perfekten Rasen anstrebt, ist, daß jedes Blatt eines Grases im Rasen zu einer Pflanze gehört und daß jedes der Millionen von Gräsern, die gemeinsam den perfekten Rasen bilden, ganz einfach eine Pflanze wie jede andere Pflanze ist und daher wie jede andere Pflanze zum Gedeihen Nahrung, Wasser und Luft für die Wurzeln benötigt.

Machen Sie sonst alles so richtig, wie Sie nur wollen, aber Sie vergeuden Ihre Zeit, wenn Sie nicht diese Grundtatsache zur Richtschnur für Ihre sämtlichen Arbeiten beim Streben nach dem perfekten Rasen machen.

Rasenmäher

Es gibt 3 Arten von Rasenmähern. Bevor Sie sich aber zum Kauf entscheiden, bitten sie Ihren örtlichen Händler um eine Vorführung. Die erste und einfachste Art sind die Handmäher mit Rädern oder Walzen. Die mit Rädern sind am billigsten. Sie sind brauchbar, jedoch, anders als der Walzentyp, schneiden Sie das Gras nicht vollständig bis zum Rand des Rasens, daher sind die anderen besser.

Der zweite Typ hat wie der erste eine Anzahl von Schneidmessern, die zylindrisch und vertikal arbeiten. Diese Spindeln werden mechanisch angetrieben und arbeiten entweder mit Benzin oder Elektrizität. Die benzingetriebenen Mäher kosten 3- oder 4-mal so viel wie die Handmäher-Modelle, sie sind jedoch sehr gut in der Leistung und bereiten Ihnen jahre-

Die kleinsten Sichelmäher, in welchen die Schneidmesser horizontal arbeiten, sind leicht und bequem zu handhaben.

lang keinen Kummer. Die elektrisch betriebenen Mäher sind ebenfalls verhältnismäßig teuer und beziehen ihre Energie über Kabel oder eine austauschbare Batterie. Von diesen beiden Typen sind die batteriegetriebenen sicherer.

Der dritte Typ hat einen Sichelschnitt, d.h. die Schneidmesser rotieren horizontal. Die Sichelmäher ergeben einen nicht so guten Schnitt wie die Spindelmäher. Sie sind ideal geeignet für das Schneiden gröberen Grases in Obstgärten u.ä. Plätzen. Die Luftkissen-Sichelmäher sind leicht und gut zu handhaben und sogar ein Kind kann damit eine steile Grasböschung mähen. Fast alle haben den Fehler, daß sie keinen angebauten Grasfang besitzen.

Rasenmäher sind viel gebrauchte Geräte in der Hand vieler Gärtner. Aber die Vernachlässigung der Maschine – insbesondere wenn es ein Handmäher ist – macht die Arbeit des Gärtners schwerer. Jährliche Überholung und Schärfen der Messer werden als Service von Spezialgeschäften geboten. Sie werden am besten am Ende der Mähsaison ausgeführt.

35

Das Mähen

Regelmäßiges Mähen ist notwendig, wenn ein Rasen während der ganzen Wachstumsperiode vom Frühjahr bis zum Herbst gut gepflegt aussehen soll. Neu gesäter Zierrasen sollte das erste Mal geschnitten werden, wenn das Gras etwas über 3 cm hoch ist, Gebrauchsrasen erst bei ca. 8 cm Höhe. Stellen Sie dazu die Mähmesser so ein, daß sie entsprechend hoch über dem Boden schneiden. Dazu stellen Sie die hölzernen Rundwalzen entsprechend tief ein. Dann sorgen Sie dafür, daß die Messer einen sauberen Schnitt ausführen und das Gras nicht rupfen. Das geschieht durch Anziehen oder Lösen der Einstellschrauben an beiden Enden der Grundplatte, bis die Messer und die Platte Kontakt bekommen.

Um den richtigen Schnitt zu testen, legen Sie Stücke eines Papiertaschentuchs an verschiedene Stellen zwischen Messer und Grundplatte und drehen Sie die Messer langsam von Hand. Die Maschine ist richtig eingestellt, wenn das Papiertaschentuch entlang der ganzen Länge der Schneidkante sauber abgeschnitten ist und wenn die Messer ohne Schleifen frei rotieren. Jetzt ist das Gerät fertig, um damit den neuen Rasen zu mähen.

Der Grund für das so kurzfristige Mähen nach dem Aufgang des Grases ist das Abschneiden der Spitzen und gleichzeitig das Verletzen der Pflanzen. Dies veranlaßt die Graswurzeln, tiefer in den Boden einzuwachsen. Es bilden sich Seitentriebe und daher schneller eine gut geschlossene Rasendecke.

Ein großer Sichelmäher ist das beste Gerät zum Mähen von großen Flächen groben Grases.

Ein so feiner Rasen wie dieser muß mindestens zweimal wöchentlich in beiden Richtungen gemäht werden. ▶

Auf bestehendem Zierrasen wird der erste Schnitt des Jahres ebenfalls in einer Höhe von ca. 2 cm durchgeführt. Später kann er auf etwa 1,5 cm ermäßigt werden. Die sorgfältige Einstellung des Mähers ist entscheidend wichtig, wenn Sie eine perfekte Rasendecke anstreben und sollte jedes Jahr vor der Mähsaison durchgeführt werden. Kontrollieren Sie die richtige Einstellung immer wieder.

Es gibt aber verschiedene Meinungen über diesen Punkt. Viele Rasenfreunde glauben, daß ein 2 cm-Schnitt während der gesamten Mähzeit tief genug ist. Sicher wird auf leichten Böden, die zum schnellen Austrocknen neigen, eine stärkere Rasendecke die übermäßige Wasserverdunstung von der Bodenoberfläche reduzieren und dabei mithelfen, daß Ihr Rasen grün und üppig bleibt.

In den Sommermonaten muß der Rasen etwa einmal in der Woche geschnitten werden, außer in Trockenperioden, wenn der Zuwachs stark nachläßt. Geben Sie vor jedem Mähen einen Tropfen Öl auf alle beweglichen Teile der Maschine. Nach dem Mähen reinigen Sie sie von allen anhaftenden Grasklumpen und kratzen den anhaftenden Boden von den Walzen ab. Wenn das Gras von Tau naß ist, bürsten Sie diesen ab, damit es sich besser mähen läßt.

Nur wenige Dinge im Garten sehen besser aus als ein gut gemähter, sauberer und zebragestreifter Rasen. Die Streifen sind das Ergebnis des Auf- und Abmähens in entgegengesetzten Richtungen. Dabei wird das Gras in den Mährichtungen flachgelegt und ergibt für den Beschauer einen anziehenden Streifeneffekt. Da das Gras durch die Mäherwalzen flachgelegt wird, drückt ein dauerndes Mähen in der gleichen Richtung es immer weiter herunter. Am besten mähen Sie deswegen abwechselnd in verschiedenen Richtungen.

Der Rasenmäher sollte in tadellosem Zustand sein, d.h. die Messer müssen scharf und die Schnitthöhe richtig eingestellt sein. Nach jedem Mähen sollte das Gerät gesäubert und geölt werden.

Während längerer Trockenzeiten ist es besser, den Rasen ohne angehängte Grasfangbox zu mähen. Das feine Schnittgut kann dann auf dem Rasen belassen werden. Es wirkt dort wie eine Art Mulch und reduziert den Feuchtigkeitsverlust des Bodens. Das Mähgut von Sichelmähern, die nicht mit Grasfang ausgerüstet sind, sollte, außer während der Trockenheit, immer mit einem Rasenrechen abgeharkt und in den Kompost gebracht werden.

Für viele Gärtner kommt eine besondere jährliche Krise in den Wochen, die sie während der Sommerferien von Hause fort sind. Die meisten kennen diesen verblüffenden „Zurück zur Natur-Anblick", den ein Rasen bietet, der während der stärksten Wachstumszeit des Jahres ungeschnitten bleibt. Widerstehen Sie der Versuchung, ihn auf einmal kurz herunterzuschneiden. Nehmen Sie ihm nur 1/3 seiner Länge und tun Sie das in den folgenden Tagen notfalls mehrfach bis zur gewünschten Kürze.

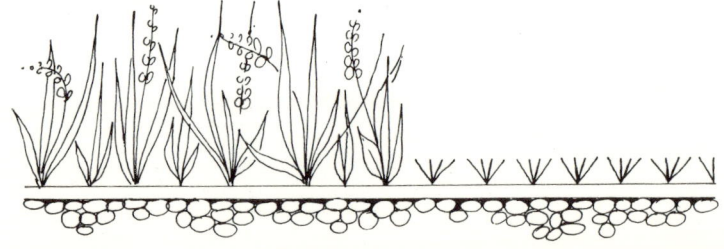

Kantenpflege

Übereifriges Kantenschneiden verringert bald die Größe Ihrer Rasenfläche. Eine Einfassung aus Holz, Plastik oder Aluminiumstreifen enthebt Sie der Notwendigkeit, Kanten zu schneiden. – Besser noch ist ein angrenzender Beton- oder Plattenweg, höhengleich mit der Rasenoberfläche. In diesem Fall kann der Mäher teilweise auf dem Weg laufen und den Rand schneiden, ohne daß Sie eine Schere oder einen Kantenschneider am Stiel benutzen müssen. – Die Schulter der Kante sollte ein wenig nach außen geneigt sein. Wenn sie senkrecht verläuft, bleibt die Kante nicht stabil und wird bald abbrechen.

Beim Abstechen der Rasenkante mit Hilfe eines Brettes ist es nützlich, einen langen Nagel durch jedes Ende des Brettes zu schlagen. Die Nägel halten es fest am Platz und der Rand

wird gerade. Aber lassen Sie dieses gefährliche Gerät nicht umgedreht liegen.

So ein Hilfsmittel verhindert, daß Rasenränder mit den Füßen zertreten und zerstört werden, wie das der Fall ist, wenn die Seiten bloß liegen. Gelegentliches Mähen ungeschützter Rasenränder ergibt einen unregelmäßigen Anblick, weil ein Teil des Bodens unvermeidlich weggedrückt wird. Langstielige Scheren oder rotierende Kantenschneider sind bessere Geräte für diese Arbeit.

Wenn die Ränder nicht geschützt sind, ist eine gelegentliche Begradigung notwendig. Sie wird am besten im Frühjahr ausgeführt, damit der Rand für den Rest des Jahres sauber aussieht.

Ein halbrundes, gerades Stechblatt ist das richtige Gerät für eine perfekte Rasenkante.

Spannen Sie eine Leine straff in Nähe des Randes und zwar so, daß alle zerstörten Teile außerhalb der Leine liegen. Legen Sie ein Brett gegen die Leine und stellen Sie sich darauf, um den Rand mit einem halbrunden Blatt neu abzustechen. Ein normaler Spaten hat ein ge-

Ein rollender Kantenschneider ermöglicht die Kantenpflege mit einem Minimum an Zeit und Arbeitsaufwand.

Einer der neusten Typen von Kantenschneider schneidet nicht nur sauber, sondern räumt ebenso gut weg.

Der Gebrauch dieses einfachen Kantenstechers erübrigt das Schneiden. Sie müssen das Gerät horizontal an der Rasenkante entlangschieben.

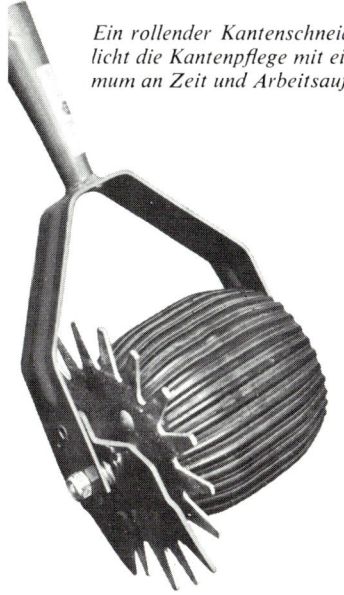

krümmtes Blatt, damit können Sie den Rand nicht gerade stechen. Aber, wie schon gesagt, diese ständig anfallenden Arbeiten sollten Sie sich durch die Anlage einer Mähkante sparen.

Arbeitseinsparung

Am meisten Arbeit spart man, wenn man aus dem ganzen Garten eine Betonfläche macht, die nur gekehrt werden muß, um sie sauberzuhalten. Ein guter Rasen andererseits ist angenehm für das Auge und weich bei der Berührung, erfordert jedoch dauernde Aufmerksamkeit und Pflege während der Wachstumsperiode.

Heute stehen dem Hobby-Gärtner zahlreiche Hilfsmittel zur Verfügung, die die Rasenpflege zu einer lohnenden und erholsa-

men Freizeitbeschäftigung machen. Die einzige Maßnahme, die der Rasen pünktlich gebraucht, ist das Mähen, und es gibt eine Anzahl von Mähern, passend für jeden Rasentyp und für alle Arten von Gärtnern.

Es ist wichtig, den richtigen Mäher zu kaufen. Ein 30 cm breiter Mäher ist richtig für den durchschnittlichen Vorstadtgarten. Für größere Gärten jedoch ergeben Mäher mit z.B. 40 oder 48 cm Breite eine deutliche Einsparung an Zeit und Arbeit. Unabhängig von der Breite des Mähers aber arbeitet dieser wirksamer und besser, wenn er während der ganzen Mähsaison in gutem Zustand gehalten wird. Das gleiche gilt für andere Geräte, die man sich unter dem Aspekt der Arbeitseinsparung anschaffen kann.

Es ist falsche Sparsamkeit, mit dem Mähen zu warten, bis das Gras so lang geworden ist, daß der Mäher es nur noch unter Schwierigkeiten schneidet. Es ist viel besser für den Rasen und spart Zeit, während der Sommermonate alle 5–7 Tage zu mähen. Das Schnittgut dürfte kein Problem bedeuten. Wenn der

41

◀ *Eine Rasenkante wie diese macht endloses Kantenschneiden mit der Schere notwendig.*

Mäher einen angebauten Grasfang besitzt, wird das Schnittgut automatisch gesammelt und kann auf 2 Arten beseitigt werden: Einmal kann man es auf den Komposthaufen schütten, wo es nach der Verrottung einen guten Gartenhumus ergibt, ausgenommen die Zeit nach Anwendung eines chemischen Unkrautvernichters. In diesem Falle sollte das Schnittgut verbrannt (örtliche Vorschriften beachten) oder mindestens 6–8 Wochen getrennt gelagert werden.

Zum anderen kann das Schnittgut direkt aus dem Grasfang auf Rosenbeete oder um Büsche gestreut werden. Dort hilft es, die Bodenfeuchtigkeit zu erhalten und isoliert den Boden gegen starken Temperaturwechsel. Das nennt man „Mulchen". Während der Rottezeit ziehen Regenwürmer Halme des Schnittguts in den Boden hinein. Dabei wird das unerwünschte Gras zu wertvoller Pflanzennahrung und verbessert die Bodenfruchtbarkeit.

Um Zeit und Mühe beim Ausleeren des Grasfangs zu sparen, kaufen Sie sich einen großen Polyäthylensack und schneiden ihn längs einer Seite und am Boden auf. Der Sack wird ausgebreitet in der Nähe zurechtgelegt und der Grasfang jedes Mal, wenn er voll ist, auf ihm ausgeleert. Das spart kilometerweite Fußmärsche hin und zurück zur Kompostmiete oder zu den Rosenbeeten während der Mähsaison.

Die Gestaltung der Rasenfläche wirkt sich direkt auf die notwendige Mähzeit aus. Auf einem von Blumenbeeten unterbrochenen Rasen braucht man längere Zeit zum Mähen als auf einer weiten, geschlossenen Rasenfläche; je weniger Ränder geschnitten werden müssen, umso besser ist es. Und schließlich benötigen aus feinen Gräsern zusammengesetzte Zierrasen weniger Mähgänge als Gebrauchsrasen.

Ein selbstfahrendes Vertikutiergerät beseitigt schnell totes Gras und unerwünschte Dinge von einer großen Rasenfläche und fördert ein gutes sattgrünes Wachstum.

5 Rasenperfektion

Nachdem Sie sich eingehend mit Ihrem Garten, seinem Klima und seinem Boden befaßt haben und sich klar darüber geworden sind, welche Art von Rasen Sie wollen, ob einen zum Anschauen, einen, auf dem man Spiele durchführen kann oder einen zum Herumtollen für die Kinder, ohne daß Sie sich darüber ärgern müssen, und nachdem Sie sich dann all die Mühen mit der Vorbereitung des Geländes, der Einebnung der Oberfläche und der Aussaat oder Sodenbelegung Ihres Rasens gemacht und ihn regelmäßig gemäht haben, können Sie sich mit berechtigtem Stolz davorstellen, sich auf Ihren Mäher lehnen und Ihr Werk bewundern. Damit können Sie sich natürlich zufriedengeben.

Demjenigen, der wenig Zeit hat, wird kaum eine andere Möglichkeit bleiben.

Oder aber, Sie streben weiter nach der Perfektion Ihres Rasens. Und davon handelt dieses Kapitel. Um eine grüne Rasendecke zustandezubringen, die aussieht, als ob sie bereits vor ein paar hundert Jahren angelegt wurde, d.h. also: dicht, weich und federnd, immer sattgrün, ohne das kleinste Unkraut, müssen Sie sehr sorgfältig auf die Ernährung der Gräser achten, auf das Lüften des Bodens, auf Harken, Walzen, Sanden und viele andere Dinge.

Keins dieser Dinge für sich allein genommen erfordert besonders viel Zeit oder Energie. Doch alle zusammen, ergeben sie in ihrer Wirkung den Unterschied zwischen einem Rasen, der ebenso gut, aber nicht besser ist als der Ihres Nachbarn, und einem Rasen, der die Leute veranlaßt, staunend stehen zu bleiben. Wenn Sie diesen perfekten Rasen wünschen, dann lesen Sie weiter.

Streuen Sie Rasendünger bei einer großen Fläche gleichmäßig mit dem Düngerstreuer. Achten Sie jedoch darauf, daß der Streuer beim Wenden am Rand des Rasens nicht zusätzlich Dünger ausbringt.

Ernährung und Düngung

Rasen ist lebendes Grün, das Nahrung braucht, um zu überleben; nicht zu viel und nicht zu wenig, aber immer genug, damit jede Graswurzel während des Frühjahrs und Sommers täglich neue Spitzen treibt.

Nur wenige Gärtner sind sich darüber im klaren, daß Nährstoffe auf Rasen schneller verbraucht werden als in jedem anderen Teil des Gartens. Das dürfte Sie nicht überraschen, wenn Sie bedenken, daß sofort der Gärtner mit seinem Mäher kommt und die Spitzen ab-

Für Rasen unter Bäumen sollten schattenverträgliche Gräser gesät werden. ▶

schneidet, sobald die Graswurzeln genügend Nährstoffe in 1,5 cm Blattwachstum umgesetzt haben.

Regelmäßige Gaben von Nährstoffen in ausgewogenem Verhältnis sind für die Etablierung und Unterhaltung eines Rasens von Spitzenqualität unerläßlich. Gräser brauchen für gutes Wachstum die Nährstoffe Stickstoff, Phosphor, Kali, Kalzium, Magnesium, Eisen, Mangan, Kupfer und Bor.

Die ersten fünf, nämlich Stickstoff, Phosphor, Kali, Kalzium und Magnesium, sind als Hauptnährstoffe für die Pflanzen bekannt. Die übrigen sind Spurennährstoffe. Normalerweise braucht Rasen nur die Zufuhr der Hauptnährstoffe in Form von Düngern.

Jeder der Hauptnährstoffe hat eine spezielle Hauptaufgabe:

Stickstoff verbessert sowohl die grüne Farbe als auch das Wachstum. Phosphor fördert ein gesundes Wurzelwachstum der Gräser, während Kali ebenfalls das Wachstum anregt und die Gräser widerstandsfähiger gegen Schädlinge und Krankheiten macht.

Ein Rasen, der wegen mangelnder regelmäßiger Nährstoffzufuhr nährstoffarm und schwachwüchsig ist, ist hilflos gegen Krankheiten wie Rotspitzigkeit (*Corticium fuciforme*). Hungrigen Rasen kann man leicht an

Flüssigdünger ist auf kleinen Rasenflächen bequem mit einer Gießkanne auszubringen und hat den Vorteil, daß kein Regen nötig ist, der die Nährstoffe bis an die Wurzeln bringt.

◀ *Genügende Rasenbreite zwischen Blumenbeeten hilft Kahlstellen durch Trampelpfade vermeiden.*

der Fahlheit der Gräser erkennen. Oft sind sie überwuchert von Unkräutern und Moos und voller kahler oder brauner Stellen, dort, wo schwache Gräser den Kampf gerade aufgegeben haben. Aber auch, wenn Sie zu gewissen Jahreszeiten eine falsche Düngerkombination verwenden, fördern Sie Schädlinge wie Schneeschimmel (*Fusarium*) auf Ihrem Rasen.

Der Nährstoffbedarf einer Rasenfläche bleibt nicht während des ganzen Jahres gleich. Frühjahr und Sommer sind Perioden schnellen Wachstums der oberirdischen Grasteile, während der Herbst dieses Wachstum verlangsamt, dafür aber der Zeitraum zur Kräftigung und Regeneration der Wurzeln und Ausläufer ist. Im Frühjahr und Sommer ist deshalb für ein gesundes Blattwachstum viel Stickstoff nötig. Im Herbst dagegen braucht der Rasen für eine gute Wurzelentwicklung und zur Sicherung gegen Schädlinge und Krankheiten mehr Phosphat und Kali. Ehe die heutigen modernen Rasen-Spezialdünger mit günstigem Nährstoffverhältnis auf den Markt kamen, mußten die Hobbygärtner ihre Rasendüngung aus Einzeldüngern zusammenstellen. Heute ist es einfacher und weniger zeitraubend, den passenden Volldünger zu kaufen. Die Dünger sind, zumindest bei den bekannten Großmarken, nach dem Bedarf der Gräser an den einzelnen Nährstoffen und dem sich daraus ergebenden Verhältnis zusammengesetzt. Wenn der Rasenfreund also die Anwendungsempfehlungen der Hersteller befolgt, kann er Jahr für Jahr die gleichen guten Ergebnisse erwarten.

Das eigentliche Streuen eines Rasendüngers ist in vielerlei Hinsicht der wichtigste Teil der Rasenernährung. Wenn Sie nicht zur richtigen Zeit streuen und den Dünger ungleichmäßig verteilen, könnte Ihr Rasen bald wie ein grüngelbes Schachbrett aussehen mit verbrannten braunen Stellen, dort wo zuviel Dünger gefallen ist. Und wenn Sie in einer Trockenperiode streuen oder vergessen, den Dünger einzuwässern, kann der ganze Rasen verbrennen und braun werden. Regnerisches Wetter ist für die Rasendüngung am besten. Sie können dann einen Tag wählen, an dem der Boden feucht ist und die Dünger-Nährstoffe löst, während das Gras trocken ist. Wenn innerhalb 48 Stunden

Sie können Ihre Rasendüngung entsprechend der Jahreszeit variieren, im Frühling stickstoffreich für gutes Blattwachstum, im Herbst phosphat- und kalibetont für die Wurzelentwicklung. Mit mehreren genügend hohen Gaben eines Spezial-Rasenvolldüngers erreichen Sie aber das gleiche Ergebnis.

nach dem Düngungsgang kein Regen fällt, müssen Sie tüchtig nachwässern.

Wenn Sie den Dünger von Hand ausstreuen, dann muß das so exakt und gleichmäßig wie nur irgend möglich erfolgen. Allerdings ist diese Methode wirklich nur für Rasenflächen bis 20 m² Größe geeignet. Die einfachste Methode, den Dünger gleichmäßig von Hand auf dem Rasen zu verteilen, besteht darin, eine Leine parallel zur Rasenkante zu spannen. Wenn die Rasenkante bogenförmig ist, dann spannen Sie die Leine weiter innen und schaffen sich so eine gerade Kante. Danach spannen Sie eine zweite Leine in 1 m Entfernung parallel zur ersten.

Danach schneiden Sie sich einen Stock oder festen Karton auf 1 m Länge und benutzen dies zur Unterteilung der Länge in 1 m-Stücke. Das ergibt eine gute Markierung und ermöglicht es Ihnen, den Dünger auf dem ganzen Rasen Quadratmeter für Quadratmeter gleichmäßig zu verteilen.

Danach versetzen Sie die äußere Leine auf 1 m jenseits der zweiten und bringen den Dünger auf dem Streifen wie eben beschrieben aus. Zum Schluß behandeln Sie die bogenförmigen Ränder, wobei Sie sich Abschnitte in etwa Quadratmetergröße abteilen.

Für größere Rasenflächen lohnt sich der Kauf eines Düngerstreuers, mit dem die richtige Düngermenge schnell und genau ausgebracht werden kann. Das erfordert keine weiteren Kenntnisse als die Fähigkeit, eine einfache Betriebsanleitung zu verstehen. Es gibt bei den besten Streuern Markierer, mit deren Hilfe Sie die gesamte Fläche ohne Fehlstreifen oder Doppelstreuen behandeln können. Bedenken Sie, daß der Streuer zusätzlichen Dünger beim Start verlieren kann und passen Sie auf. Andernfalls gibt es leicht einen braunen Streifen entlang der Rasenkante. Bei modernen Langzeitdüngern ist diese Gefahr geringer.

Wie Sie einen neu angelegten Rasen düngen, hängt davon ab, ob er gesät wurde oder aus Soden besteht. Im Herbst angesäte Rasen sollten die erste volle Düngergabe im Mai oder Juni des folgenden Jahres erhalten. Düngen Sie im Frühjahr angesäten Rasen erst im Herbst und zwar im September oder Oktober.

Haben Sie die Neuanlage des Rasens mit Soden ausgeführt, ist es falsch, zu düngen, ehe diese vollständig zusammengewachsen sind. Wenn die Soden zwischen Ende August und Februar gelegt wurden, ist das vermutlich im späten Frühjahr der Fall. Dann ist es richtig, die Sommergabe zu geben.

Dadurch vermindert sich der Bodenluftanteil, gleichzeitig wird die Wasserableitung verlangsamt. Die Auflage abgestorbener Grasteile, die sich an der Bodenoberfläche anreichern, vermindert ebenfalls den Anteil an Bodenluft.

Ein schlecht dränierter Oberboden führt zu Unfruchtbarkeit, schwächt die besten Gräser und läßt Moos, Flechten und Unkräuter überhand nehmen.

Rasenbelüftung heißt Durchstoßen der oberflächennahen Bodenschicht, um die Luft- und Wasserbewegung zu verstärken und das Wurzelwachstum anzuregen. Auf feinerdereichen Böden sollte nach dem Lüften eine Gabe scharf gewaschener Sand (0,06–2 mm) gegeben werden, um den Boden oben offenzuhalten. Auf solchen Problemböden lüften Sie im Frühling und frühen Herbst und bürsten anschließend den Sand in die Rasendecke ein. Auf Lehmböden mit besserer Wasserableitung genügt eine Frühjahrslüftung. Jedoch müssen Sie immer tote Grasteile und Unkräuter abharken, die vom Mähen her liegengeblieben sind.

Auf schwachlehmigen Böden genügt zur Lüftung das Stachen. Dazu benutzen Sie einen kleinen Stachelroller oder stechen mit der Grabgabel in kleinen Abständen Löcher in den Boden. Auf schwereren Böden hinterläßt dieses Stachen Hohlräume mit verdichteten Seiten, die verschmiert und daher luftundurchlässig sind.

Es gibt für Großflächen auf dem Markt ein Gerät, welches Erdpfropfen aushebt und auf der Oberfläche zum Abkehren ablegt. In diese Löcher wird dann Sand eingebracht.

Lüften

Der Boden ist der Lebensraum für den Rasen. Luft durchdringt die Hohlräume zwischen den Bodenteilchen und füllt die Wurzel- und Wurmkanäle. In einem gut strukturierten Boden wird das Wasser nach unten abgeführt, der oberste Bodenhorizont bleibt durchlüftet. Die Bodenteilchen speichern Wasser und die darin gelösten Nährstoffe.

Ständige Belastung des Rasens verdichtet die Oberfläche, insbesondere wenn der Boden höhere Anteile an Ton oder Schluff enthält.

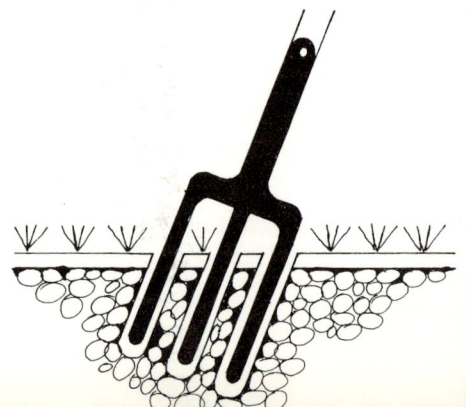

48

Topdressing

Um eine schöne Rasendecke zu erhalten, ist es notwendig, die Gräser jedes Jahr zu regenerieren. Die berufsmäßigen Rasenpfleger tun dies routinemäßig. Geben Sie also Ihrem Rasen auch ein jährliches Topdressing.

Das Topdressing besteht aus einer Mischung von Sand und Dünger. Früher nahm man dazu auch noch Torf. Es wird normalerweise im Herbst oder Frühjahr gegeben, aber erst nach dem Abrechen und Belüften des Rasens. Damit diese Behandlung Erfolg hat, ist es notwendig, die Materialien gründlich zu mischen.

Als Sand wählen Sie scharfgewaschenen Quarzsand mit dem Korngrößenbereich von 0,06–2 mm. Je m² können Sie 3–6 l Sand streuen. Die niedrige Menge bei leichten sandigen Böden, die höheren Mengen steigend mit zunehmendem Tongehalt des Bodens. Im Frühjahr, also zur Zeit guten Blattwachstums, hat der Rasen auch die höchste Menge innerhalb einer

Topdressing im Herbst oder zeitigen Frühjahr mit einem Gemisch aus Sand und Langzeitdünger.

Verteilen Sie 3–6 l Topdressing je m² und arbeiten Sie es sorgfältig mit dem Rücken des Rechens ein.

49

Woche überwachsen. Im Herbst sollte die Sandmenge auf höchstens 5 1/m² beschränkt bleiben.

In den Sand mischen Sie 30–60 g/m² eines Spezial-Rasendüngers gleichmäßig mit der Schaufel ein.

Das Topdressing ist einfach zu handhaben. Als einziges Gerät benötigen Sie einen Gartenrechen. Verteilen Sie die Menge von 3–6 l Topdressing gleichmäßig auf jeden m² Rasen und arbeiten Sie es sorgfältig mit dem Rücken des Rechens ein. Achten Sie darauf, insbesondere im Herbst, daß kein Gras zugedeckt bleibt.

Wenn sich im Rasen Vertiefungen gebildet haben, so können Sie diese mit mehreren in 3–4 Wochen aufeinanderfolgenden Gaben allmählich ausgleichen.

Rechen

Das Rechen des Rasens ist eine leider häufig vernachlässigte Pflegemaßnahme, die äußerst wertvoll für die Gesundheit Ihrer Gräser ist. Die beste Zeit dafür ist kurz vor dem Schneiden. Es sollte besonders sorgfältig geschehen, ehe der Rasen im Frühjahr das erste Mal geschnitten wird. Durch das Rechen werden sowohl die Gräser als auch die Unkräuter aufgerichtet und können von den Mähmessern gut erfaßt werden. Es hilft, die Wurmhaufen zu verteilen und beseitigt das tote Pflanzenmaterial von der Oberfläche.

Um einen Rasen von überflüssigem Material zu befreien, ist der beste Rechen ein Spezial-Rasenrechen aus langen schmalen Metallbändern. Mit ihm kann man den Druck auf die Rasenoberfläche der erforderlichen Intensität der Behandlung anpassen. Für größere Rasenflächen lohnt sich die Anschaffung eines mechanischen Gerätes, bestehend aus einem Rahmen mit 2 Rädern, ausgerüstet mit einer Anzahl Drahtzinken. Das Gerät ist auch mit Motor erhältlich.

Außer der gründlichen Frühjahrs-Harke sollte der Rasen von April bis August einmal wöchentlich abgerecht werden. Im September und Oktober verbinden Sie das mit dem Zusammenrechen der Blätter.

Rasenwalzen

Nur für eine sehr große Rasenfläche lohnt es sich, evtl. eine Walze anzuschaffen. Auf Flächen mittlerer Größe braucht nur sehr selten gewalzt zu werden und dann nur mit geringem Druck.

Wenn Sie sich zur Anschaffung einer Walze entschließen, kaufen Sie am besten eine Hohl-

Ein Rasenrechen im Gebrauch.

walze. Es gibt außerdem Massivwalzen oder solche mit Wasserballast. Alle drei gibt es als Hand- und Motormodelle. Fachleute bevorzugen Holzwalzen. Diese geben feinblättrigen Zierrasen den letzten Schliff, sind aber schwer zu bekommen.

Vergessen Sie nicht, daß auch die Walzen der Rasenmäher einen glättenden Effekt haben, insbesondere bei Motormähern.

Die generelle Regel lautet: Wenig und selten walzen.

Seien Sie vorsichtig beim Walzen: Zu starkes Walzen kann das Gras schädigen.

Das Walzen

Das Walzen des Rasens, lange Zeit eine Lieblingsbeschäftigung der britischen Rasenpfleger, gerät aus der Mode.

Da gute Durchlüftung und Wasserableitung so wichtig für die Gesundheit des Rasens sind, ist jede unnötige Verdichtung schädlich. Eine andere Sache ist es, wenn eine gleichmäßig dichte Oberfläche verlangt wird, wie für einen Bowling-Platz oder ein Cricket-Feld. Der normale Familien-Gebrauchsrasen jedoch hat wenig oder gar keinen Vorteil vom Walzen.

Tatsächlich werden dadurch sogar manche Probleme verschlimmert. Wenn mit der Walze Höcker im Rasen beseitigt werden sollen, können als Ergebnis Bodenwellen entstehen durch Vertiefungen, die sich an beiden Seiten der Höcker bilden. Nur auf leichten humosen Sandböden kann das Walzen im Frühjahr nach dem Frost eine gewisse Hilfe für das Andrükken des Bodens bilden.

Bei der Rasenneuanlage kann eine leichte Walze nützlich sein, sie ist jedoch nicht notwendig. Nach der Bodenvorbereitung durch Graben und Rechen erfolgt das Setzen des Bodens. Zu dieser Zeit kann das Walzen das Setzen beschleunigen und Vertiefungen anzeigen, die aufgefüllt werden müssen. Auf leichten, sandigen Böden kann nach der Saat gewalzt werden. Ebenso kann nach dem Auslegen von Soden gewalzt werden, um diese an den Boden und gegeneinander zu pressen. Das kann jedoch ebenso gut mit einem Stampfer erfolgen, der aus einem quadratischen Brett an einem langen Stiel besteht. Für diese einmaligen Arbeiten lohnt in den meisten Fällen die Anschaffung einer Walze nicht.

Der einzig vernünftige Einsatz einer leichten Walze geschieht im Frühjahr vor dem ersten Schnitt zum Andrücken von Rasendecke und Boden, falls dieser während des Winters hochgequollen ist. Das darf auf leichten und mittleren Böden nur unter trockenen Verhältnissen und auf schweren Böden überhaupt nicht erfolgen.

herabgefallene Blatt im Herbst sofort wegzufegen – damit berauben Sie sich eines der schönsten Anblicke, die der Garten bieten kann.

Kahlstellen sind typische Zeichen für zu starkes Walzen.

Vor dem ersten Schnitt im Frühjahr sollten Sie den Rasen mit einem Besen aus Reisig oder Kunststoffborsten abfegen. Sie ebnen dabei Wurmhäufchen ein und entfernen Fremdkörper, die die Messer beschädigen können.

Fegen

Ein guter Weg, die Perfektion des Rasens zu fördern, ist es, ihn im Frühjahr gründlich mit einem aus Birkenzweigen gebundenen Reisigbesen oder Teppichbesen zu fegen. Das Fegen ist notwendig, um die im Winter durch Regen und Frost flachgedrückten Grashalme wieder aufzurichten. Danach ist der Rasen viel leichter zu mähen, da die Gräser aufrecht stehen, und sein Aussehen wird stark verbessert. Wenn das Gras taufeucht ist, entfernt man mit dem Fegen das Wasser von der Oberfläche und verhindert, daß das Gras beim Mähen zerquetscht wird.

Mit dem Fegen entfernt man außerdem Zweige und andere Fremdkörper, die auf dem Rasen liegen, und löst Steine los, die im Winter nach oben gekommen sind. Andernfalls können diese Steine und Zweige die Mähmesser beschädigen und die Einstellung so verändern, daß die Schneidkanten das Gras rupfen, anstatt es sauber zu schneiden.

Ein Besen ist auch nützlich, um Dünger nach dem Streuen in die Rasendecke einzubürsten. Er fällt dann bis auf den Boden, wo die Graswurzeln ihn nutzen können.

Viele Gärtner haben es besonders eilig, jedes

Das Wetter

Besucher der britischen Inseln sind überschwengliche Bewunderer englischer Rasen. In der Tat erfreuen sich nur wenige Länder eines Klimas, welches besser für ein üppiges Rasenwachstum geeignet ist. Während der

Kontinent unter heißeren Sommern leidet, die das Gras verbrennen, und strengen Wintern, die ebenfalls ausdörrende Wirkung haben. Wechselweise trockene und feuchte Jahreszeiten sind dementsprechend dem Rasenwuchs nicht förderlich.

Nutzen Sie für die Rasensaat die idealen Keimungsbedingungen im Frühling und Frühherbst. Sie können sogar Soden im Sommer auslegen, wenn für die Bewässerung während einer Trockenheit gesorgt ist. Im März oder April gibt es trockene Winde und steigende Temperaturen, die den ersten Schnitt des Jahres erlauben. Man sollte solche Witterungsperioden aber nicht nur zum Mähen, sondern auch zum Abrechen des Abfalls von der Rasenfläche und zum Lüften des Bodens nutzen, um damit das Wachstum während der Monate Juni, Juli und August zu fördern.

Im Hochsommer läßt das Graswachstum nach. Dementsprechend wird weniger oft gemäht. Jetzt ist es Zeit, höher zu schneiden, da längeres Gras die Trockenzeit besser übersteht als eine „skalpierte" Rasendecke. In dieser Zeit – nur dann – kann man das Schnittgut auf dem Rasen liegenlassen. Wählen Sie feuchte Witterungsperioden, um Rasendünger und Unkrautvernichter anzuwenden, da beide Materialien nicht auf den Blättern und Halmen liegenbleiben dürfen. Auf der anderen Seite wäscht starker Regen das Unkrautvernichtungsmittel ab, ehe es dem Rasen nützen kann.

Verzichten Sie auf das Mähen und alle anderen Pflegearbeiten, wenn Herbstregen die Rasenoberfläche aufweicht und vermeiden Sie auch das Betreten des Rasens während des Winters.

Trockenheit

Vermutlich ist es für die meisten Menschen schwer, festzustellen, wann Trockenheit herrscht. In Großbritannien wird eine Trockenperiode offiziell verkündet, wenn das meteorologische Institut 14 Tage hintereinander für ein bestimmtes Gebiet keinen Regen registriert. Die Engländer können sich deshalb glücklich preisen, von allen Ländern der Erde die unbrauchbarste Definition des Begriffs Trockenheit zu besitzen. Da sie britisch sind und glauben, in einem regnerischen Klima zu leben, macht es ihnen vielleicht nicht viel aus. In der Tat ist die Definition des Begriffs Trockenheit sehr wichtig, und die britische ist aus folgendem Grunde unbrauchbar:

Wenn nämlich in diesen 14 Tagen bedecktes Wetter geherrscht hat, wird Ihr Rasen keineswegs ausgetrocknet sein, sondern so grün und gesund wie immer aussehen. Wenn andererseits die Sonne in diesen 14 Tagen auf den Rasen gebrannt hat, wird er wahrscheinlich so braun wie gefallenes Herbstlaub aussehen.

Eine genaue Bestimmung des Begriffs Trockenheit ist wesentlich zum Verständnis dafür, was die Wachstumsbedingung „Trockenheit" tatsächlich bedeutet. Eigenartigerweise ist die einzig brauchbare Bestimmung des Begriffs Trockenheit diejenige, die Pflanzen einbezieht. Sie wird jetzt von den meisten Ländern benutzt, in denen die Dürre eine wirtschaftliche Katastrophe bedeutet. Zum Leben brauchen die Pflanzen Wasser und zwar aus zwei Gründen: Erstens sie brauchen es als solches, denn ohne Wasser können sie nicht den lebensaufbauenden Prozeß der Fotosynthese durchführen (den Prozeß, mit dem alle grünen Pflanzen die vom Sonnenlicht empfangene Energie dazu benutzen, mit Hilfe der Mineralsalze organische Wachstumssubstanz aufzubauen). Zweitens brauchen sie es als das Transportmittel, mit dem sie die gelösten Mineralsalze aus dem Boden aufnehmen. Das Wasser wird von den Pflanzen mittels Osmose aufgenommen.

Sie können sich das so ähnlich vorstellen wie den Kapillareffekt, den Sie erhalten, wenn Sie die Ecke eines Löschblatts in Wasser tauchen. Das Löschpapier saugt das Wasser allmählich auf. Wenn Sie jedoch ein Stück nasses Löschpapier in ein Gefäß mit knochentrockenem Sand stecken, werden Sie feststellen, daß der trockene Sand das Wasser aus dem Löschpapier herauszieht. Genau das geschieht den Pflanzen während einer Trockenheit und ist tatsächlich das, was eine Dürre kennzeichnet. Eine Dürre herrscht dann, wenn der Boden so stark austrocknet, daß er den Pflanzen Feuchtigkeit entzieht, statt daß diese Feuchtigkeit vom Boden erhalten.

Darin liegt der Schlüssel zur Bekämpfung der Trockenheit. Wenn jedoch nichts unternommen wird, bis die Lage so bedrohlich geworden ist, kann der Rasen schon einen erst nach langer Zeit wieder gutzumachenden Schaden erlitten haben. Es ist wichtig, mit dem Wässern zu beginnen, ehe die Sommertrockenheit zur richtigen Dürre wird.

Besonders ärgerlich ist es bei Rasen auf schnell austrocknenden Böden, daß die Dürre einen vertrockneten strohigen Bestand hinterläßt. Beugen Sie Trockenschäden vor, indem Sie den Rasen etwas höher mähen und lassen Sie unter diesen Umständen das Schnittgut auf der Fläche liegen. Beseitigen Sie den Schaden, indem Sie den Rasen belüften und danach durchdringend wässern. Während einer Trokkenperiode wird man die Wassergaben einschränken, aber einmal durchdringend wässern ist besser als häufigere kleine Gaben. – Wenn

allerdings der Wassernotstand ausgerufen wird und längere Zeit andauert, gibt es kein Mittel, das Braunwerden des Rasens zu vermeiden.

Frühe Trockenzeichen. Jetzt ist es Zeit, mit dem Wässern zu beginnen. Bleibt der Rasen unbewässert, kann es Dauerschäden geben.

Wasser und Wässern

Wasser ist lebensnotwendig für alle Pflanzen, und die Gemeinschaften der Gräser, die Rasen bilden, machen da keine Ausnahme. Pflanzen brauchen Wasser, um den Druck in ihren Zellen aufrecht und ihre Stengel und Blätter fest und elastisch zu erhalten. Gräser decken wie alle anderen Pflanzen ihren Nährstoffbedarf nur über die im Boden gelösten Nährstoffe, die sie durch die Wurzeln aufnehmen. – Die einzige Ausnahme ist der Kohlenstoff (CO_2), der gasförmig über die Blätter aufgenommen wird. – Deshalb können Dünger vom Rasen nur gut ausgenutzt werden, wenn Sie mit Wasser in den Boden gelangen und dort eine Salzlösung bilden. Das ist der Grund, warum Rasendünger nur bei feuchtem Wetter ausgebracht werden sollen. Wenn schnelllösliche Mineraldünger bei Trockenheit auf den Rasen gestreut werden, können sie das Gras verbrennen und braune oder kahle Stellen verursachen.

Das von den Rasengräsern über die Wurzeln aufgenommene Wasser wird auf verschiedenste Weise genutzt. Bei Tageslicht wird ein Teil davon in den Blättern bei der CO_2-Assimilation zur Bildung von Stärke verwertet. Das übrige Wasser geht durch Verdunstung über die Spaltöffnung an den Ober- und Unterseiten der Blätter verloren. Dadurch entsteht ein Strom von den Wurzeln zu den Blättern, der die Nährstoffe transportiert. Dieser Wasserverlust heißt Transpiration. An einem heißen, windigen Sommertag kann ein Rasen bis zu 5 l Wasser je m² durch Transpiration verlieren. Dieses Wasser kann nur mit den Wurzeln aus dem Boden ersetzt werden.

Wenn ein Rasen mehr Wasser verliert, als er aufnimmt, dann hat er theoretisch Bewässerung nötig. Aber seien Sie damit nicht zu schnell. Pflanzen können den Wasserverlust aus ihren Blättern bis zu einem gewissen Grade durch Öffnen oder Schließen der Spaltöffnungen regulieren, aber sie können ihn nicht vollständig verhindern. Mit kurzen Trockenperioden können die Rasengräser deshalb fertigwerden. Sie leiden erst unter akutem Wassermangel, wenn die obersten 10 cm des Bodens, d.h. die Wurzelzone, vollständig ausgetrocknet sind. Dies er-

klärt auch, warum Rasen auf Sandböden viel eher unter Wassermangel leiden als Rasen auf tiefgründigen, schweren Lehmböden, die einen größeren Wasservorrat besitzen. Ähnlich verliert ein Rasen an einer Böschung wegen der unterschiedlichen Wasserableitung das Wasser aus den oberen Teilen schneller als aus den niedriger gelegenen.

Ein Rasen darf erst bewässert werden, wenn er beginnt, Trockenzeichen zu zeigen. Sie erkennen einen durstigen Rasen an dem deutlich verlangsamten Zuwachs und an der fahlen oder leicht braunen Verfärbung der Gräser.

Das Wässern des Rasens mit einer Gießkanne mit Brausekopf ist ein mühsames, zeitraubendes Geschäft, das wenig Erfolg bringt. Was Sie benötigen, ist ein Gartenschlauch, der von der nächstgelegenen Zapfstelle zu allen Teilen des Rasens reicht, und dazu einen mechanischen Rasensprenger. Rasensprenger sind nicht teuer. Sogar die modernen Kreisregner kosten nur wenig. Die rotierenden Arme der Kreisregner brauchen zum Antrieb nur den Druck des durchströmenden Wassers. So verursachen sie keine Betriebskosten und sind eine lohnende Anschaffung für das Wohlergehen Ihres Rasens.

Wenn das Wässern dringend erforderlich wird, dann überzeugen Sie sich erst einmal, ob nicht etwa örtliche Beschränkungen für den Wasserverbrauch in Kraft sind. Wenn es keine gibt, warten Sie bis zum Abend, wenn die Temperatur fällt und die Verdunstung nachläßt. Dann schließen Sie den Gartenschlauch an und stellen den Sprenger so auf den Rasen, daß er die größtmögliche Fläche wässert.

Drehen Sie den Wasserhahn auf und lassen Sie es regnen, bis das Gras richtig durchweicht ist. Auf den meisten Böden dauert das mindestens eine halbe Stunde. Dann versetzen Sie den Sprenger, bis die gesamte Rasenfläche etwa die gleiche Menge Wasser erhalten hat.

Lassen Sie sich nicht dazu verleiten, zu viel zu wässern, denn zu viel Wasser ist ebenso schädlich für das Gras wie zu wenig. Wenn sich Pfützen zeigen, ist das ein Zeichen für Staunässe. Hier stirbt das Gras ab, weil keine Luft an die Wurzeln gelangen kann.

Lassen Sie das Gras während der Trocken-

heit höher wachsen, um damit die direkte Verdunstung von der Bodenoberfläche herabzusetzen. Wenn Sie bisher auf 1,5 cm geschnitten haben, so stellen Sie den Mäher jetzt auf 2,5–3 cm ein, bis die Trockenperiode vorüber ist. Bei Gebrauchsrasen schneiden Sie statt 3,5 cm jetzt auf 5 cm Länge.

Ein neu angesäter Rasen bedarf besonderer

Ein rotierender Regner versorgt den Rasen mit dem notwendigen Wasser. Wässern Sie stets abends und lassen Sie jeden Flächenteil mindestens eine halbe Stunde lang gründlich durchfeuchten.

Sorgfalt, wenn Bewässerung nötig ist. Wassermangel verlangsamt den Keimprozeß. Wenn Sie jedoch wässern, so tun Sie das sehr behut-

Der perfekte Rasen muß nicht absolut eben sein. Wenn er jedoch Gefälle hat, muß dieses gleichförmig verlaufen.

sam und sorgfältig, denn ein Zuviel an Wasser fördert besonders das Wachstum von Schimmelpilzen, die die Keimpflanzen abtöten, wenn sie aus dem Boden kommen.

Wenn die grünen Blätter der Keimpflanzen erscheinen, kann das Wässern eine gefährliche Sache sein, da ein kräftiger Wasserstrahl wie ein Wolkenbruch wirkt und die zarten Keimpflanzen aus dem Boden spült. Deshalb wässern Sie einen neu angesäten Rasen mit einem Feinstrahlregner entweder abends oder, falls das Wetter nicht zu warm ist, morgens bzw. am Nachmittag. Wässern Sie die Keimpflanzen niemals mit der Gießkanne, denn dabei müßten Sie das Saatbeet betreten und würden Ihren neuen Rasen beschädigen, ehe er die Vollendung erreichen kann, die Sie anstreben. Wenn das Wässern mit der Gießkanne jedoch unvermeidlich ist, dann nehmen Sie den feinsten Brausekopf, den Sie bekommen können, und betreten Sie den Rasen so wenig wie nur irgend möglich, am besten legen Sie Bretter darüber.

Ein älterer Rasen auf dem besten Wege zur Perfektion.

6 Rasenfehler ausmerzen

Es mag ungewöhnlich erscheinen, dem Kapitel „Rasenperfektion" eines mit dem Titel „Rasenfehler ausmerzen" folgen zu lassen. Es ist jedoch eine schlichte Tatsache, daß Perfektion bei Rasen niemals ein stabiler, dauerhafter Zustand ist. Wie alle Lebewesen – und ein Rasen ist eine sehr komplexe Lebensgemeinschaft – ist auch Rasen dem Wechsel unterworfen. Nach all Ihren Anstrengungen und selbst, wenn Sie jede Anweisung buchstabengetreu befolgen, werden sich auf Ihrem Rasen nach einer Weile Loch, Hügel, Vertiefung u.a. Fehler entwickeln. Je mehr Mühe Sie sich zuerst bei der Anlage Ihres Rasens geben, umso weniger stark werden sie auftreten. Auf einem Rasen, der ordnungsgemäß angelegt und gepflegt worden ist, dürften die höchsten Punkte der Buckel nur 2–3 cm über die tiefsten Stellen der Vertiefungen herausragen, während dieser Unterschied bei einem Rasen, der nur so auf Bauschutt zusammengehauen ist, 15–30 cm betragen kann. Dieses Kapitel zeigt Ihnen, wie man diese und die anderen kleinen Unvollkommenheiten beseitigen kann, die auf Ihrem Rasen auftreten können.

Man muß sich völlig darüber im klaren sein, daß Perfektion nur durch dauerhafte Beobachtung der Einzelheiten und durch unermüdliches Ausmerzen von Unvollkommenheiten erreicht werden kann. Dieser Gedanke sollte Sie aber nicht entmutigen.

Ausbesserung

Beseitigen Sie Hügel, Vertiefungen oder Kahlstellen auf Ihrem Rasen, ehe das Mähen schwierig und unregelmäßig wird.

Mäßig starke Hügel und Vertiefungen gleicht man am besten aus, indem man Soden

Zum Ausbessern einer abgebrochenen Rasenkante (1) schneiden Sie ein rechteckiges Sodenstück aus (2). Schieben Sie die Sode nach außen und schneiden Sie sie gerade (3). Füllen Sie den leeren Raum mit einer neuen passenden Sode (4).

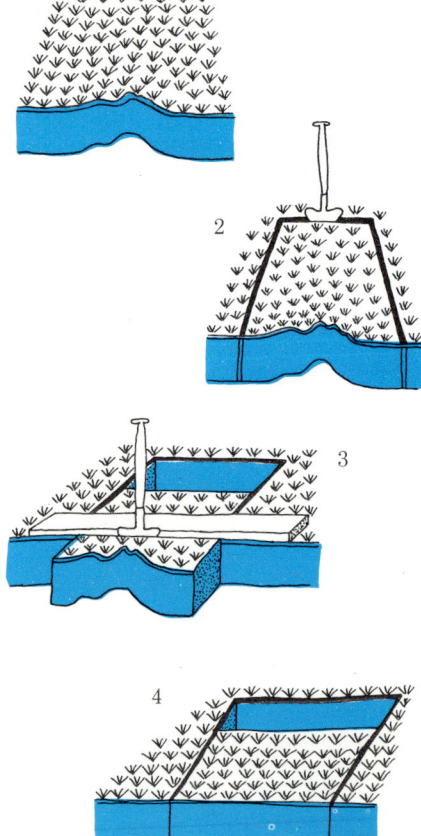

von den betreffenden Stellen absticht, Erde bis zur richtigen Höhe nachfüllt und danach die Soden wieder auflegt und befestigt.

Das kann zu jeder Zeit bei offenem Wetter von Ende August bis April durchgeführt werden. Flache kleine Vertiefungen gleichen Sie im Frühjahr aus, indem Sie lediglich Sand einkehren und das Gras hindurchwachsen lassen. Auf leichten Böden kann man unbedeutende, flache Hügel durch wiederholtes Walzen

leicht mit feinem Sand und klopfen Sie diesen vorsichtig mit dem Spaten fest. Verwenden Sie dabei stets die Samenmischung Ihres Rasens.

Vertiefungen

Vertiefungen im Rasen sind die Folge von ungenügendem Einebnen beim ersten Vorbereiten der neuen Rasenfläche durch Umgraben. In Vertiefungen wächst das Gras länger und

1

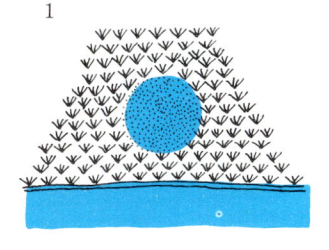

Gleichen Sie eine Vertiefung in Ihrem Rasen (1) wie folgt aus: Stechen Sie um das Loch herum Rasensoden, ab, füllen Sie Sand nach (2), ebnen die Fläche (3) und legen Sie die Soden wieder auf (4).

2

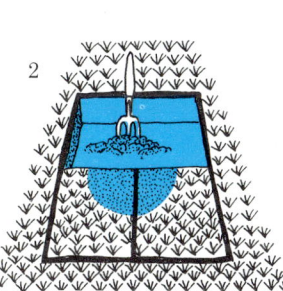

3

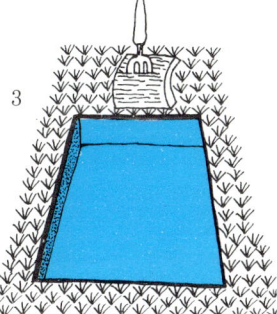

4

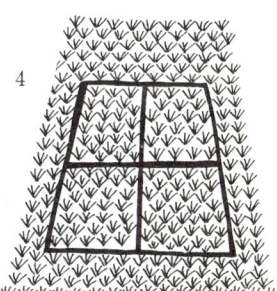

oder durch Flachklopfen mit der Rückseite des Spatens beseitigen.

Am häufigsten ist das Ausbessern von Rasenkanten nötig, die durch Unachtsamkeit abgetreten wurden. Stechen Sie dabei zuerst eine Sode von etwa 30 cm Durchmesser aus, die die zerstörte Kante enthält. Dann drehen Sie diese und legen sie mit der beschädigten Kante nach innen wieder zurück. Dann fest andrücken und mit Sand bis zur Rasenhöhe auffüllen.

Nach dieser Ausbesserung wird eine Kahlstelle zurückbleiben. Diese behandeln Sie – wie auch andere Kahlstellen – im Frühjahr oder Herbst. Sie rauhen die Oberfläche mit einem Rechen auf und streuen etwas Grassamen darauf. Bedecken Sie die Stelle ganz

grüner als auf dem Rest des Rasens. Es wird dort nicht so kurz geschnitten und wächst üppig mit dem zusätzlichen Wasser, welches sich dort sammelt, da der Boden in Vertiefungen zu langsamerer Entwässerung neigt. Diese zusätzliche Feuchte kann Krankheiten begünstigen. Daher lohnt es sich, die Ausbesserung vorzunehmen.

Geringe Vertiefungen füllen Sie durch Einarbeiten von ca. 1 cm Sand aus. Stärkere Vertiefungen bessern Sie aus, indem Sie sorgfältig Soden abstechen, zurückklappen und mit Sand unterfüllen.

Bei Neuanlage von Rasen füllen Sie Vertiefungen mit Unterboden, geben aber obenauf fruchtbaren Oberboden.

Hügel

Ein unebener Rasen wird bald von Kahlstellen überzogen sein, da das Gras auf den Erhöhungen zu kurz geschnitten wird. Verhindern Sie die Bildung von Hügeln durch gründliches Einebnen und Rechen des Bodens vor der Saat, wobei Sie alle Erdklumpen beseitigen und auch sicher sind, keine größeren Steine im Boden übersehen zu haben. Hügel sind durch Walzen nicht zu beheben, sondern müssen ausgebessert

Was ist die Ursache des Problems, wenn Ihr Rasen nach einem Regenguß mit vernäßten Stellen bedeckt ist? Haben Sie zu viel Wasser gegeben? Ist eine Belüftung nötig? Ist die Oberfläche des Bodens durch zu häufiges Walzen verdichtet? Fehlt dem Rasen eine richtige Dränage? Besteht der Boden aus Lehm?

Nur wenige Hobbygärtner betrachten die

So reparieren Sie Hügel im Rasen: 1. Machen Sie über dem Hügel einen Einstich in H-Form, 2. Klappen Sie die Soden zurück und entfernen Sie die überschüssige Erde, 3. Legen Sie die Soden wieder auf.

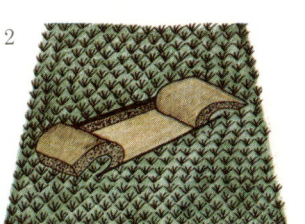

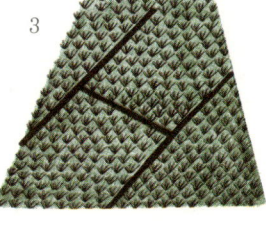

werden. Es besteht natürlich ein Unterschied zwischen Hügel und dem Vorhandensein von hübschen Hängen und Böschungen auf dem Rasen. Viele Gärtner schätzen den erhöhten Reiz eines solchen Rasens, der nicht durchgehend ganz eben ist. Aber hüten Sie sich davor, zu kleine Hügel anzulegen, da diese unmöglich gemäht werden können.

Vernässung

Überdenken Sie zunächst Ihre Pflegemaßnahmen. Wenn Übereifer Ihr Fehler ist, dann entschließen Sie sich, Gartenschlauch und Walze weniger häufig zu benutzen. Falls Sie das Problem durch Belüften lösen wollen, füllen Sie die Löcher mit feinem Sand auf. Das wird das Wasser schneller abfließen lassen. Auf Lehmböden kann das Problem durch Aufgraben, Einarbeiten von Kalk und/oder Sand und Nachsaat gelöst werden.

Vernässung kann auf Rasen dauerhaften Schaden anrichten.

Vernässung mit der gebührenden Sorgfalt, aber zu viel Wasser kann tatsächlich durch Ertränken den Rasen zerstören.

Kahlstellen

Die mechanische Beschädigung der Gräser erzeugt Kahlstellen. Der Schaden kann z.B. durch dauerndes Betreten – sowohl durch Kinder als auch Hunde –, durch das Picken der Vögel, wenn sie Würmer herausholen, durch Schädlinge oder Krankheiten oder durch den Mäher beim Abrasieren von Hügeln entstehen. Ebenso kann das Vernichten oder Ausreißen von Unkraut kahle Flecken hervorrufen. Nehmen Sie auch die richtige Menge Unkrautvernichter, damit das Gras nicht geschädigt wird.

Ein Rasen, der dringend nach besserer Belüftung und Wasserableitung verlangt, zeigt sein Mißvergnügen ebenfalls mit der Bildung von Kahlstellen, z.B. übernäßt der Tropfenfall von Bäumen den Rasen.

Unter Bäumen treten häufig Kahlstellen auf, weil der Boden durch Tropfwasser zusammengeschlagen wird und dann keine Luft mehr in die Wurzelzone kommt.

Blasse Farbe

Blassgrüne Farbe ist das erste Anzeichen für die Verschlechterung des Zustandes eines Rasens. In den meisten Fällen leidet er Mangel an Wasser oder Nährstoffen. Wenn Trockenheit das Problem ist, dann wässern sie ihn gründlich. Fehlen Nährstoffe, so geben Sie einen Spezial-Rasendünger mit hohem Stickstoffgehalt, denn gerade dieser Nährstoff beeinflußt entscheidend die Grünfärbung des Grases.

Kleine, blasse Stellen können das Vorhandensein von Steinen unter der Oberfläche anzeigen.

Vergilben

Oftmals zeigt ein Rasen während der Frühjahrswochen eine gesunde, grüne Farbe, verliert aber im Laufe des Sommers nach und nach sein frisches Aussehen und wird gelb.

Mit ziemlicher Sicherheit ist ein vergilbender Rasen vernachlässigt worden. Wenn es trocken war oder der Rasen nicht regelmäßig belüftet wurde, kann er sich nach Stachelung und guter Bewässerung schnell erholen. Wenn das jedoch nichts nützt, dann leidet er wahrscheinlich an Nährstoffmangel.

Gras wächst nur üppig und grün, wenn es genügend Stickstoff bekommt. Streuen Sie deshalb zur Behandlung eines vergilbten Rasens einen schnell löslichen Stickstoffdünger.

Oft ist ein zu kurzer Rasenschnitt im Sommer – besonders nach den Ferien – der Grund für die gelbe Farbe.

Steine unter der Oberfläche ergeben ebenfalls strohfarbene Flecken. Nehmen Sie eine Sode ab, und tauschen Sie das Ärgernis gegen Boden aus.

Gelegentlich ist das Vergilben auch das Ergebnis zu intensiver Pflege, da zu starkes Walzen den Boden verdichtet und die Zufuhr von Luft und Wasser zu den Wurzeln verhindert.

Ein kleiner Garten, aber ein gelungener. Jede Einzelheit ist am richtigen Platz und jede Pflanze gedeiht gut bis zum letzten Blatt des Rasens.

Bei einem Rasen, dessen Fläche von sovielen Objekten (Bäume, Teich) unterbrochen wird wie dieser, kann das Mähen schwierig sein, doch der Gesamteindruck kann die Mühe lohnen.

7 Rasenpflege Monat für Monat

Januar – Der Monat für die Instandsetzung des Mähers, damit Sie gut auf die kommende arbeitsreiche Zeit vorbereitet sind.

Februar – Nach einem milden Winter kann es so aussehen, als ob der Rasen Mitte Februar zu wachsen beginnt. Das ist jedoch kein Startsignal für das Mähen. Mag das Gras ruhig unordentlich aussehen, zu frühes Schneiden kann dem Rasen eine Menge Schaden zufügen.

Ziemlich sicher wird es noch Fröste und kalte Winde geben, die für frisch geschnittenes Gras schädlich sind. Jetzt schützt das längere Gras Grundtriebe und neue Wurzeln. Wenn Sie im vorhergehenden Herbst Sand gestreut haben, dann kehren Sie jetzt den Rasen, falls er schon schnee- und frostfrei ist, um Klumpen oder Wurmhäufchen zu verteilen, die sich während des Winters gebildet haben, und beginnen Sie mit den Ausbesserungen.

März – Moosflächen im Rasen (siehe Unkräuter) sollten Sie im März beseitigen. Wenn das Moos nur auf kleinen Flächen auftritt, können Sie es durch Rechen entfernen. Dabei ist es wichtig, daß Sie jedes sichtbare Stückchen fortschaffen, weil die kleinste Faser fähig ist, wieder anzuwachsen. Bei starker Verbreitung benutzen Sie einen zuverlässigen Moosvernichter, dazu darf es aber nicht zu kalt sein.

Wenn nötig, können Sie den Rasen jetzt mit einer Gabe Spezialdünger versehen, falls er schnee- und frostfrei ist. Sie streuen davon etwa 30–40 g je m². Wenn das Wetter warm ist, können Sie den Rasen mähen, aber schneiden Sie Zierrasen nicht kürzer als etwa 2 cm.

April – Früh im April erhält der Rasen wahrscheinlich seinen ersten richtigen Schnitt. In den nächsten Wochen verringern Sie die Schnitthöhe, sie sollte jedoch bei Zierrasen nicht niedriger als ca. 1 1/2 cm sein, bei Gebrauchsrasen ca. 3,5 cm. Wenn Sie das Gras mäßig lang lassen, kann der Rasen kräftig wachsen und Unkräuter verdrängen. Mit der Unkrautvernichtung können Sie bei genügender Wärme gegen Ende des Monats beginnen. Weitere planmäßige Pflegearbeiten im April, wenn das Gras stärker zu wachsen beginnt, sind Kantenschneiden, Rechen, Belüften und Sanden.

Mai – Wenn die normalen Pflegearbeiten laufen und das Mähen zur wöchentlichen Beschäftigung geworden ist, ist der Mai jetzt die beste Zeit, um das Unkraut im Rasen zu bekämpfen.

Unkraut wie Gänseblümchen bekämpfen Sie bequem durch Gaben von 100–125 g/m² „Rasensand" (Gemisch von Eisensulfat, Am-

Im März müssen Sie den Rasen abrechen, bevor Sie das erste Mal mähen. Entfernen Sie alles Moos besonders sorgfältig, es lohnt sich für später.

monsulfat und scharfem Sand) bei mildem, windstillem Wetter. Für Arten jedoch wie Spitzwegerich, Vogelmiere, Habichtskraut, Hahnenfuß, Löwenzahn und Hirtentäschel, um nur eine kleine Auswahl zu nennen, benötigen Sie einen Spezial-Unkrautvernichter. Wenden Sie dies Mittel an, ehe der Rasen gemäht wird und lassen Sie es mindestens 2 Tage auf die Unkräuter einwirken, ehe Sie wieder schneiden. Jetzt geben Sie die erste Düngung des Jahres, wenn Sie im Herbst des Vorjahres eine gute Spätherbstdüngung durchgeführt haben.

Juni – Im Juni müssen Sie vermutlich zweimal in der Woche schneiden. Setzen Sie die Messer höher, wenn trockenes Wetter herrscht. Spätestens jetzt geben Sie dem Rasen die Sommerdüngung mit hohem Stickstoffanteil, damit die Gräser kräftig und grün wachsen und Sie dem Hellwerden und dem Auftreten von gelben und braunen Flecken vorbeugen.

Juli – Auf das Wässern des Rasens müssen Sie während der meist trockenen Sommermonate Juli und August besonders achten. Einige Gräserarten werden deutlich welk als Folge einer gewissen Trockenheit, deshalb sollten sie auf diese ersten Anzeichen der Trockenheit sorgfältig achtgeben. Wenn Bewässerung nötig ist, stechen Sie möglichst vorher mit einer Forke Löcher in den Boden, um die Wasserdurchlässigkeit zu fördern. Da der Rasen viel Feuchtigkeit verbraucht, geben Sie mindestens $20 \, l/m^2 = 20 \, mm$ Regenhöhe.

August – Abgesehen vom regelmäßigen Mähen und – falls nötig – Wässern, sind die Pflegearbeiten im August ähnlich wie die im Juni. Im Spätsommer können sich Hutpilze auf dem Rasen zeigen. Entfernen Sie sofort die Hüte, um der Sporenbildung vorzubeugen; dann lüften Sie die ganze Umgebung durch Lochstacheln mit einer Forke. Wässern Sie den Bereich und geben Sie ein systemisches Fungizid.

September – Sie können dem Rasen spätestens jetzt eine weitere Düngung mit einem Spezial-Rasendünger geben, der neben Stickstoff genug Phosphat, Kali und Magnesium enthält. Es genügen $30 \, g/m^2$. Anschließend geben Sie dem Rasen eine

Sandgabe, fegen oder rechen Sie Dünger und Sand in die Rasendecke ein, nachdem Sie mit der Forke Löcher gesetzt haben. Das beschleunigt die Wirkung.

Wenn in Ihrem Rasen gelbe und braune Flecken auftreten und die Übeltäter sind keine Hunde oder Schädlinge, dann ist Hunger die Ursache. Eine Volldüngung ist dann notwendig.

Oktober – Je nach der Witterung braucht der Rasen den letzten Schnitt Mitte oder Ende Oktober. Widerstehen Sie der Versuchung, das Mähprogramm des Sommers fortzusetzen, wenn der Winter milde beginnt. Konzentrieren Sie Ihre Aufmerksamkeit lieber auf die Kontrolle von Rasenkrankheiten, denn im Herbst sind die Pilze, die sie verursachen, am aktivsten.

Sobald die Temperatur dauerhaft unter 10° C abgesunken ist, wird es jetzt Zeit, die Spätherbstdüngung mit 30–50 g/m^2 Spezial-Rasendünger zu geben. Sie fördert das Wurzelwachstum, die Winterfarbe und das frühere, bessere Wachstum im folgenden Frühjahr.

November/Dezember – Der Rasen hält Winterruhe und das sollte der Hobbygärtner ebenfalls tun. Außer Krankheitsüberwachung in schneefreien Perioden und letztem Blätterkehren braucht Ihr Rasen keine weitere Wartung. Allerdings könnte er bei mildem Wetter Anfang November ausnahmsweise einen letzten Rasenschnitt benötigen.

Rasenpflege

		Januar	Februar	März	April	Mai	Juni
Neuanlage	Säubern und Ein-ebnen des Bodens						
	Säen				△ △ △ △ △ △ / ○ ○ ○ ○ ○ ○		
	Soden verlegen			△ △ △ △	△ △ △ △	△ △ △ △	△
Übliche Pflegemaßnahmen	Mähen						
	Mäherpflege						
	Kantenstechen						
	Bewässern						
	Rechen						
	Lüften						
	Frühjahr-/Sommerdüngung			★★★ □	□ □ □ □	□ □ □ □	□ □
	Komb. Düngung/Unkrautvernichtung					▼ ▼ ▼ ▼	▼ ▼ ▼
	Herbstdüngung						
	Sanden			△ △ △ △	△ △ △ △		
	Ausbesserungsarbeiten						
Spezialprobleme	Wurmbekämpfung						
	Schädlingsbekämpfung						
	Moosbekämpfung			■ ■ ■ ■	■ ■ ■ ■	■ ■ ■ ■	■ ■
	Unkrautbekämpfung					● ● ● ●	● ● ●
	Bekämpfung von Krankheiten						

Behandlungsschlüssel	Düngung	Rasensand	Kombinierte Düngung und Unkrautvernichtung	Herbst-düngung
	□	★	▼	○

Monat für Monat

Juli	August	September	Oktober	November	Dezember

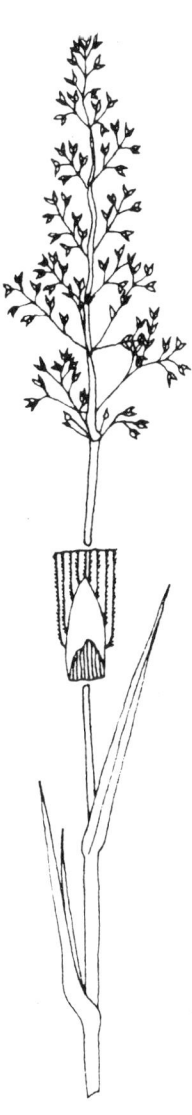

Moos-vernichter	Sand	Unkraut-vernichter	Intensiv-behandlung	Normale Behandlung	Schwache Behandlung
■	△	●			

Gegen Ende Mai wird der Rasenschnitt zweimal wöchentlich nötig. Achten Sie jedoch darauf, daß Sie das Gras während einer Trockenzeit nicht zu kurz schneiden.

Dieser Rasen ist mit einem Sichelmäher geschnitten worden. Beachten Sie das fast gänzliche Fehlen von Zebrastreifen. Der Rasen sieht zwar attraktiv aus, jedoch würden erst die Zebrastreifen ihm jenen besonderen Pfiff geben, der ihn zum fast perfekten Rasen macht.

8 Rasenprobleme – Tiere

Für die meisten Menschen sind Unkräuter die einzigen Probleme, die sie beim Rasen kennen. Diese werden mit den Unkrautvernichtern in Kapitel 11 behandelt. Es gibt noch eine Anzahl anderer Rasenprobleme, die unter der Überschrift „Schädlinge und Krankheiten" zusammengefaßt werden können. Diese umfassen Dinge wie Maulwürfe und verschiedene Arten von Pilzen, z.B. Hexenringe. Sie werden in diesem und dem nächsten Kapitel behandelt. Haustiere, besonders Hunde, sind ein spezielles Problem für den Rasen: Man muß sich entscheiden, ob der Rasen oder das Haustier wichtiger ist. Manche Leute halten auch Kinder für eine Plage (zumindest wenn es sich um Rasen handelt): Auch das ist eine Frage der Priorität. Durch Kinder und Haustiere verursachte Rasenprobleme werden hauptsächlich in dem Kapitel 6 „Rasenfehler ausmerzen" behandelt.

Braune Flecken

Es gibt drei Rasenkrankheiten, die hauptsächlich die Bildung brauner Flecken bewirken.

Die heimtückischste ist der Schneeschimmel. Er tritt im Herbst auf und hinterläßt einen weißen Schimmelbelag auf der rötlich-braunen Fläche.

Bei Rotspitzigkeit treten die großen gelblich-braunen Flecken im Spätsommer oder Herbst auf. Sie zeigen eine deutliche rote Färbung.

Die Dollarflecken-Krankheit tritt im Spätsommer besonders auf Rasen aus ausläufertreibendem Rotschwingel auf und hinterläßt kleine braune Stellen, die sofort behandelt werden müssen.

Braunes, in Flecken wachsendes Gras, das man mit der Hand leicht herausziehen kann, ist das Werk von Larven der *Wiesenschnake* (*Tipula*). Diese Schädlinge, die im Frühjahr und auf leichten Böden am aktivsten sind, locken die Vögel an, die ihrerseits bei der Suche nach schmackhaften Bissen Schäden verursachen.

Chemisch und physikalisch erzeugte Schäden, dazu Schädlinge und Krankheiten, sie alle können braune Flecken im Rasen verursachen. Der Grund für das Braunwerden ist jedoch nicht immer leicht zu bestimmen. In jedem Fall sind aber die exakte Färbung der Stelle und der Zeitpunkt des Auftretens sichere Kennzeichen.

Die aggressivsten chemischen Stoffe, die braune Flecken hervorrufen, sind ausgelaufenes Öl vom Motormäher, starke Überdosierungen von Unkrautvernichtern oder leichtlöslichen Düngern und der Urin von Hunden, besonders Hündinnen, der neben der braunen Stelle einen Ring von üppig grünem Gras rund um die trockene Fläche hinterläßt. Das einzige Sofortmittel gegen Schäden durch Hunde ist das durchdringende Wässern der betreffenden Stelle. Ohne eine solche Behandlung braucht die braune Stelle etwa ein Jahr, bis sie wieder von gesundem Gras bestanden ist.

Erziehen Sie Ihren Hund dazu, eine andere Toilette zu benutzen.

Die verbreitetste physikalische Schädigung, die braune Flecken im Rasen hervorruft, ist die starke Verdichtung der Bodenoberfläche durch zu geringe Belüftung und durch zu häufiges und zu schweres Walzen.

Frisch gesätes Gras hat eine magische Anzie-hungskraft für Vögel.

Vögel

Eine besondere Plage für den zukünftigen Rasenbesitzer sind bei neu angesäten Flächen die Vögel. In Stadtgebieten picken Haussperzen die Grassaat fast ebenso schnell wieder auf wie sie gesät wird. Um das zu verhindern, harkt man am besten unmittelbar nach der Saat in verschiedenen Richtungen und bedeckt damit die meisten Samen.

Dann klopft man den Boden mit dem Rücken eines Spatens an oder tritt ihn mit Fußbrettern fest. Schnüre mit Lappen an kurzen Stöcken gespannt oder Kunststoffnetze halten die Vögel zwar fern, aber das Einharken des Saatgutes ist weniger mühsam und ebenso wirksam. Auf älteren Rasenflächen sind Vögel ebenfalls mit Vorsicht zu genießen. Amseln und Drosseln halten zwar die Würmer in Grenzen und ergötzen sich an Schnakenlarven und anderen Schädlingen. Dabei zupfen sie aber die Saat mit der Wurzel aus.

Hunde

Hunde und Katzen bilden bei der Beschädigung von Rasen ein weit geringeres Problem als Kinder. Beide Haustiere bevorzugen das Graben oder Kratzen im Boden. Die Beschmutzung des Rasens durch Hunde kann eine Plage sein. Dauerhafte Schäden verursacht der Urin von Hündinnen durch fleckenweises Absterben von Gras. Die Erziehung von Hunden zu dem erwünschten Benehmen muß so früh wie nur irgend möglich erfolgen. Viele Hundehalter, eifrig bemüht, ihrem Hund „ablegen" und „sitz" beizubringen, vergessen, ihm gleichzeitig Verhaltensweisen für den Garten anzuerziehen, bis es dann zu spät ist, einen alten Hund neue Kunststücke zu lehren.

Wenn es der Hündin nicht abgewöhnt werden kann, den Rasen zu benutzen, kann man den Schaden nur dadurch verhindern, daß man die Stelle so schnell wie möglich mit Wasser übergießt.

Jeder angehende Rasenperfektionist, der eine Hündin besitzt, kann diese deutlichen Urinmarken erkennen. Verhindern Sie derartige Kahlstellen durch reichliches Übergießen mit Wasser.

71

Erdhaufen

Für den Gartenfreund, der einen perfekten Rasen anstrebt, wird das plötzliche Auftreten von Erdhaufen auf seinem Rasen ein betrüblicher Anblick. Am häufigsten werden derartige Haufen von Regenwürmern, Ameisen und Maulwürfen verursacht.

Unglücklicherweise ist ein Rasen, je besser er gepflegt ist, umso attraktiver für Regenwürmer, die Häufchen auf der Oberfläche ablegen. Die Würmer sind am aktivsten auf Lehmböden und bei mildem, feuchtem Wetter.

Drei Schädlinge werfen Hügel auf, die das Aussehen des Rasens stören.
1. *Maulwurfshügel sind groß und rund.*
2. *Wurmhäufchen als kleinste der 3 Arten haben eine charakteristische, gekräuselte Form.*
3. *Spitze Ameisenhügel gibt es meist auf Sandboden und in der Hochsommerhitze.*

tum hemmen, obwohl sie hier nicht so schädlich sind wie die Wurmhäufchen.

Am berüchtigsten für Erdhaufen sind Maulwürfe. Entfernen Sie die Maulwurfshügel mit dem Spaten. Von Ameisenhügeln und Wurmhäufchen befreien Sie den Rasen durch tüchtiges Fegen.

Maulwürfe

Das plötzliche Erscheinen eines großen, feinkrümeligen Erdhügels auf der Rasenoberfläche ist sicheres Zeichen dafür, daß ein Maulwurf unterirdische Gänge gräbt. Diese reizenden, ängstlichen Tierchen haben schlechtes Augenlicht, aber einen gut ausgeprägten Gehörsinn, der es schwierig macht, sie zu fangen. Regenwürmer sind ein wichtiger Teil ihrer Nahrung und sie graben sich gerne durch durchlässigen, krümeligen Boden, genau den also, der einen guten Rasen trägt.

1 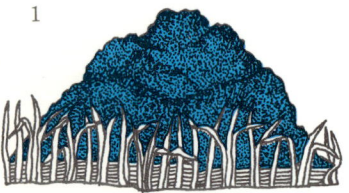   2 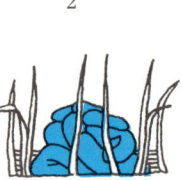   3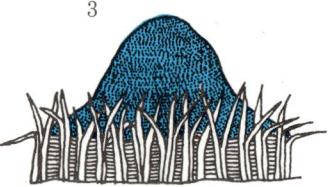

Naß werden diese Erdklümpchen schmierig, zerfließen und hinterlassen kleine Erdplättchen auf dem Rasen. Diese ersticken das Gras, öffnen die Narbe, bilden Unebenheiten und begünstigen das Eindringen von Unkräutern.

Wurmmittel werden am besten während des Herbstes angewandt.

Bei Rasen auf feinen Sandböden werden höchstwahrscheinlich Ameisenhügel erscheinen, und zwar wenn es am heißesten ist. Die fleißigen *Ameisen* werfen spitze Erdhügel auf, die den Rasen uneben machen und das Wachs-

Vielleicht zieht ein Maulwurf bald weiter auf andere Flächen, wenn jedoch nicht, dann muß dringend etwas geschehen. Bei einer starken Plage sollte man die Hilfe von Experten in Anspruch nehmen. Auskunft erteilt Ihnen das zuständige Pflanzenschutzamt.

Am besten läßt man dann von einem Fachmann Fallen stellen oder Giftköder auslegen.

Am einfachsten für den Hobby-Gärtner ist es, Rauchpatronen in soviele Gänge wie nur irgend möglich zu legen.

Angeblich soll Rizinussamen in den Gängen

Maulwürfe abschrecken. Eine Katze mit ihrer Geduld kann manchmal einen Maulwurf erwischen, wenn er gerade durchstößt. Es gibt jedoch kein sicheres Mittel, um das Wiederkommen von Maulwürfen zu verhindern. Siehe auch Abschnitt „Schädlinge".

Schädlinge

Ein Rasen mit gutem Wuchs, bestehend aus gesunden, dicht wachsenden Gräsern, ist am besten imstande, dem Befall durch Insektenschädlinge zu widerstehen. Nur wenige Schädlinge befallen Rasengräser. Diejenigen, die es tun, können aber schwere Schäden anrichten, wenn die Symptome ihres Auftretens nicht rechtzeitig erkannt und entsprechende Gegenmaßnahmen getroffen werden.

Regenwürmer sind des Gärtners Freunde. Einige Arten jedoch haben die Angewohnheit, Erdhäufchen auf der Oberfläche abzulegen, die dem Aussehen und der Qualität des Rasens schaden.

Regenwürmer bevorzugen alkalische Böden. Ihr Auftreten wird auf Rasen gemindert, der sauer gedüngt wird, z.B. mit Ammonium-Sulfat.

Nach vorliegenden Erfahrungen versprechen die Anwendung von Lindan-Präparaten gegen tierische Schädlinge oder von systemischen Fungiziden gegen Rasenpilze gewisse Wirkungen gegen das übermäßige Auftreten von Regenwürmern. Auch das Ausbringen von 60 g Kaliumpermanganat, aufgelöst in 20 l Wasser je 10 m² bringt Erleichterung.

Weil so viele Hobbygärtner den Regenwurm selbst auf dem Rasen eher für einen Freund als für einen Feind halten, lohnt es sich, die wissenschaftliche Begründung dagegen zu geben. Diese schmierigen Erdhäufchen dienen den Unkräutern als Keimbett. Ihre Kanäle im Boden, chemisch geschaffen als Ergebnis der Wurmsekretion, haben eine geringere Wasserdurchlässigkeit als die von den Stacheln bei normaler Belüftungstechnik. Den Nutzen von Regenwürmern überläßt man am besten den Blumen- und Gemüsebeeten.

Von den wenigen Insekten, die Rasengräser befallen, richten Schnakenlarven den größten Schaden an. Sie sind die Larven der *Wiesenschnake* (*Tipula*).

Im frühen Frühjahr sind sie etwa 3 cm lang und greifen in dieser Zeit die Wurzeln der Gräser an. Mit Gaben von KWP 61 auf die befallenen Stellen im Herbst, wenn die Larven noch jung und leicht zu bekämpfen sind, oder bei den ersten Schadbildern im Frühjahr, kann man sie bekämpfen.

Maikäfer sind selten ein Problem auf mittleren bis schweren Böden. Auf leichten Böden

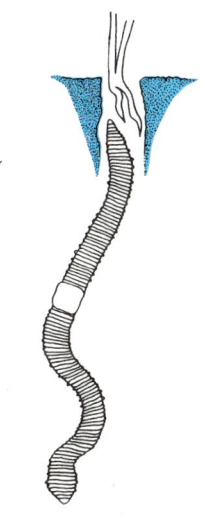

Regenwürmer helfen den Rasen belüften. Sie hinterlassen jedoch häßliche Erdklümpchen überall auf der Rasenoberfläche.

können die *Engerlinge* jedoch starke Schäden an den Graswurzeln anrichten, der durch hungrige Vögel noch verschlimmert wird. Sie treten allerdings gehäuft nur in wenigen Jahren auf. Durch Anwendung von Lindan mit nachfolgendem Einwässern können sie bekämpft werden.

Die Larven der *Fritfliege* werden gelegentlich auch im Frühjahr und Herbst bei Rasen gefunden. Sie bevorzugen weniger die Graswurzeln sondern mehr verrottendes, organisches Material. Sie sind selten lästig, ähnlich wie die Larven der *Rübenfliege*.

Auf leichten Böden siedeln sich oft *Ameisen* im Rasen an. Sie greifen zwar die Graswurzeln nicht an, unterminieren jedoch Stellen im Rasen und verursachen Verfärbungen der Gräser. Zur Bekämpfung bestäubt man die Nester mit Lindan-Streumittel.

Auf neu angesätem Rasen befallen *Drahtwürmer* die Wurzeln der Keimlinge. Zur Bekämpfung gibt man Dursban auf die befallenen Stellen.

Rasenschädlinge, die die Gräser von unten befallen:
1. *Tipula, die Larven der Wiesenschnake sind Delikatessen für die Vögel, die mit ihnen Gras aus der Erde ziehen.*
2. *Drahtwürmer und*
3. *Erdraupen fressen gern Graswurzeln.*
4. *Ameisen nagen Blätter an der Basis ab.*

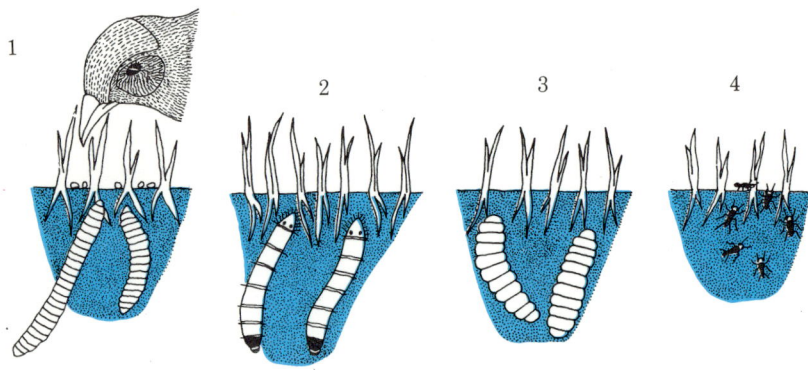

9 Rasenprobleme – Pflanzen

Neben den üblichen Folgen durch Rasenunkräuter gibt es eine ganze Anzahl sehr ver-
breiteter anderer Schäden, die selten in Büchern
behandelt werden und denen man mit den
normalen Breitspektrum-Unkrautvernichtern
nicht beikommen kann. Deshalb werden diese
Probleme nachstehend gesondert aufgeführt,
getrennt nach der speziellen Behandlung, dazu
Schadpilze, wie Hexenringe, oder was man
mit den Wurzeln der Bäume tun muß, wenn
sie in die Rasenfläche hineinwachsen.

Krankheiten

Je gesünder das Rasenwachstum ist, umso
weniger leicht fällt der Rasen Krankheiten zum
Opfer. Ein gut ernährter und gepflegter Rasen
ist widerstandsfähiger gegen Krankheiten als
ein vernachlässigter und verhungerter. Unabhängig von den Bemühungen des Hobbygärt-
ners kann ein Rasen jedoch von der einen oder
anderen Krankheit befallen werden.

   Glücklicherweise gibt es heute eine große
Anzahl von Hilfsmitteln, derer man sich bedie-
nen kann.

   Die Pilzkrankheiten, von denen Rasen befallen werden, überwiegen in feuchten Sommern. Sobald das Gras sich zu verfärben
beginnt, muß man achtgeben. Rasen auf leichten, sandigen, trockenen Böden leiden meist
unter *Rotspitzigkeit (Corticium fuciforme)*. Es
zeigen sich kleine strohfarbene Flecken mit
roten Farbtupfern. Ohne Behandlung breiten
sie sich beträchtlich aus. Es ist die Folge von
Stickstoffmangel. Zum Ausgleich werden 20–
30 g/m² eines Stickstoffdüngers oder stick-
stoffbetonten Rasenvolldüngers bei regneri-
schem Wetter gegeben.

*Wenn Sie den Rasen regelmäßig zu den im Text
genannten Zeiten belüften (aerifizieren), beugen
Sie damit Krankheiten vor.*

   Wenn der Befall schon fortgeschritten ist,
empfiehlt es sich, vorher ein Pilzvernichtungsmittel anzuwenden. Hilfe versprechen kupfer-
haltige Mittel oder Mittel mit den Wirkstoffen
Thiophanat-Methyl und/oder Maneb.

   Alle Pilzbekämpfungsmittel wenden Sie nach
Anwendungsvorschrift des Herstellers an und
bewahren sie unzugänglich für Kinder und
Tiere auf.

   Die Dollarfleckenkrankheit (*Slerotinia ho-
moeocarpa*) ist selten und unregelmäßig. Sie
befällt den ausläufertreibenden Rotschwingel,
der in Zierrasenmischungen enthalten ist.

   Die Krankheit befällt weitaus mehr feine
Zierrasen als Gebrauchsrasen mit hohen An-

75

teilen an Deutschem Weidelgras. Die Krankheit beginnt mit schmalen runden Flecken von 2–5 cm Durchmesser, die hell gefärbt sind. Ohne Behandlung färben sich diese bis zum späten Sommer dunkelbraun. Zur Behandlung verwendet man ein synthetisches Fungizid, z.B. Ronilan oder Maneb mehrfach nach Herstellervorschrift.

Schneeschimmel-Infektionen (*Fusarium spp.*) fallen häufiger als alle anderen Pilzkrankheiten im Rasen auf. Man erkennt sie an dem weißen Pilzrasen, der in Flecken unterschiedlicher Größe und besonders bei feuchtem Wetter auftritt. Die Pilze müssen sofort bekämpft werden,

ehe sie sich festsetzen und ausbreiten können. Fusariumbefall ergibt schwere Schäden, die das Gras vernichten und bräune, später kahle Stellen auf dem gesamten Rasen hinterlassen. Die Krankheit kann Schäden zu jeder Jahreszeit anrichten, herrscht jedoch vor allem im Herbst vor. Pilzvernichtungsmittel der Wirk-

Der Pilz Marasmius oreades *schädigt den Rasen durch das Bilden von Hexenringen. Um die Ausbreitung zu verhindern, ist es notwendig, die Pilze möglichst schnell zu entfernen.*

stoffgruppen Benomyl, Thiophanatmethyl oder Maneb, mehrfach nach Vorschrift der Hersteller gespritzt, vernichten den Pilz. Inbesondere dann, wenn rechtzeitig mit der Bekämpfung begonnen wird.

Auch *Hexenringe* sind zunehmend ein Problem. Die dunkelgrün gefärbten Grasringe sind das Zeichen für die Anwesenheit eines Pilzmyzels im Boden. Später zeigen sich Hutpilze oder Boviste.

Sobald sie auftauchen, sollten sie gesammelt und zerstört werden, ehe sie die Möglichkeit haben, auszureifen, um mit ihren Sporen den Boden erneut zu infizieren.

Die Rasenfläche, die von diesen Pilzen befallen ist, muß mit einer Gartenforke oder einem Stachelgerät belüftet werden. Die Bekämpfung ist dann mit organischen Fungiziden wie Calirus möglich.

Wenn die Pilzkrankheiten überhand genommen haben, muß die Rasenfläche desinfiziert werden. Dazu heben Sie die Rasensoden ab und beseitigen sie.

Dann tränken Sie den Boden mit einer 5 %igen Lösung von Formalin in Wasser und geben davon 80 l auf 100 m² Rasenboden.

Nach einer Woche können Sie neue Soden auflegen oder noch besser im Herbst eine Neusaat vornehmen.

Hexenringe

Wenn die echten Pilze im Rasen wachsen, entwickeln sie ihr Myzel in der Form eines Ringes. Dabei setzt der Pilz Stickstoff frei, der das Gras stark und dunkelgrün wachsen läßt, während es auf der Innenfläche abstirbt.

Wenn die Ringe schon stark verbreitet sind, ist es gut, den Rasenboden mit Formalin zu desinfizieren und dann den Rasen neu anzusäen.

Hutpilze

Pilzhüte sind die Fruchtstände der Schadpilze. Einzelne sind harmlos, wenn sie jedoch reife Sporen erzeugen, können sie sich ausbreiten.

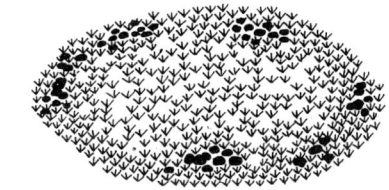

Hexenringe sind das sichere Zeichen dafür, daß Hutpilze Ihren Rasen befallen haben.

Die schädlichste Art ist *Marasmius*, der Hexenringpilz mit schlankem Stiel und rötlich gelbem Hut. Weitere Rasenhutpilze sind der *Bovist* (*Lycoperdon*), und anderen Arten. Entfernen Sie die Pilze, sobald sie erscheinen.

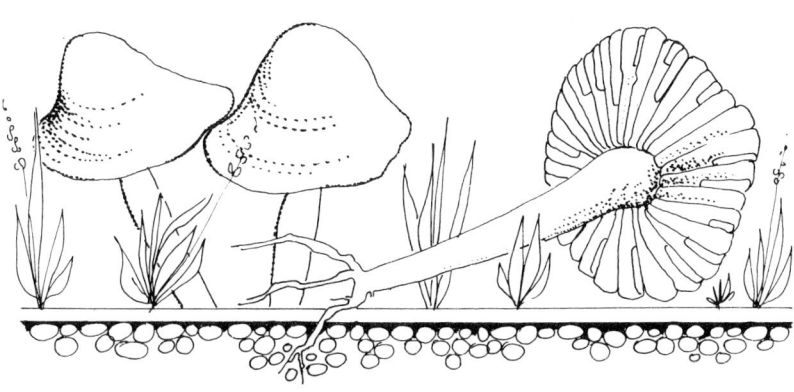

Blätter

Egal wie groß Ihr Rasen ist, Herbstblätter sind nicht nur eine kleine Plage. Auf großen Flächen kann das Laubrechen eine zeitraubende Beschäftigung sein. Kleine Blätter kann man liegenlassen. Einige werden von den Regenwürmern in den Boden gezogen, größere Blätter jedoch, von Kastanie, Ahorn und Platane z.B., wirken sich schlecht auf den Rasen aus, wenn sie feucht und schwer während des Winters liegenbleiben. Sie können das Gras fleckenweise abtöten und den Befall mit Pilzkrankheiten sowie das Ausbreiten von Moos, Flechten und einigen Unkräutern fördern.

Von einen normalgroßen Rasen können die Blätter mit einem Rechen oder einem Rasenbesen entfernt werden. Der Rasenbesen ist das traditionelle und sehr wirksame Gerät dafür. Er hat außerdem eine nützliche auflockernde Wirkung. Zusammengekehrte Blätter sind bestens für ein herbstliches Freudenfeuer geeignet, sofern das keine Bestimmungen des Umweltschutzes verbieten.

Warten Sie, bis die Masse der Blätter von den Bäumen gefallen ist, ehe Sie sie vom Rasen entfernen. Eine Rasenkehrmaschine bewährt sich dabei auf großen baumbestandenen Rasen gut.

Bäume

Gras gedeiht wie andere Pflanzen am besten, wenn es freien Zugang zu Licht, Luft, Feuchtigkeit und Nährstoffen findet. Im Wettbewerb mit anderen Pflanzen können ihm eine oder mehrere dieser lebensnotwendigen Wachstumsfaktoren fehlen. Große Bäume und Gras bilden eine gegenseitig unsympathische Partnerschaft. Das Hauptproblem für das Gras liegt in dem Schattenwurf der Blätter, außerdem im Tropfenfall im Bereich der Kronentraufe.

Wenn Sie hohe Waldbäume in Ihrem Garten stehen haben, kann unter deren Kronentraufe kein normaler Rasen gedeihen. Es werden spezielle Schattenrasenmischungen angeboten, die bis um den Baumstamm herum gesät werden können. Sie dürfen jedoch nur gelegentlich und nur schwach gemäht werden, eine Dauerlösung stellen sie meistens nicht dar.

Die Baumwurzeln sind keine starken Konkurrenten für die Ernährung der Gräser, weil die Rasenwurzeln nur in den oberen Bodenteil eindringen, während die Baumwurzeln tiefer wachsen. Sie entziehen jedoch Feuchtigkeit aus der Graswurzelzone. Bei Bäumen höheren Alters und größeren Umfanges ragen manchmal Wurzeln als Knorren über die Bodenoberfläche hinaus. Sie sind häßlich und hindern das Mähen. In diesem Falle sollten Sie einen Bodendecker bevorzugen wie z.B. *Vinca Minor*, der nur geringe Pflege benötigt und gut mit diesen Verhältnissen fertig wird.

Es ist unwahrscheinlich, daß diese Probleme in kleinen Gärten entstehen, in denen ein oder zwei Ziergehölze wie Ginster oder Magnolie neben oder in den Rasen gepflanzt wurden. Diese Arten enthalten dem Gras nur wenig Licht und Regen vor. Das gleiche gilt für Apfel- und Birnbäume. Daher ist es auch möglich, daß Obstanlagen eine Rasendecke tragen, an die man aber keine hohen Ansprüche stellen darf.

Es ist das beste, keine Bäume in einen Rasen normaler Größe zu pflanzen, und sei es nur,

79

◀ *Ein Teppich von Herbstblättern sieht hübsch aus, kann aber das Gras darunter abtöten*

weil sie das Mähen behindern. Außerdem ist der Gesamteindruck oftmals besser, wenn der Baum am Rand des Rasens gepflanzt wird.

Leider ist es nicht möglich, große, dichtlaubige Bäume und einen üppigen Rasen in unmittelbarer Nachbarschaft zu haben. Dennoch können Sie, wenn Sie es mögen, einen guten Rasen rund um die üblichen blüten- und fruchttragenden Bäume mit schmalen Blättern unterhalten. Bevorzugen Sie dabei aufrechtwachsende, säulenartige Formen. In der Nachbarschaft von Baumwurzeln steht dem Rasen weniger Bodenfeuchtigkeit zur Verfügung als anderswo. Das gleichen Sie mit regelmäßigem Wässern aus.

Bäume auf Rasen können Probleme bringen. Wurzeln stoßen zur Oberfläche durch und das Graswachstum kümmert wegen Lichtmangels, während der Tropfenfall von den Blättern dem Rasen die notwendige Bodenluft raubt.

Der bequemste Weg, die Schwierigkeiten mit Rasen unter Bäumen zu beseitigen, ist oftmals das Zurücknehmen der Rasenfläche oder die Pflanzung niedriggewachsener schattenverträglicher Bodendecker, wie Efeu oder Vinca.

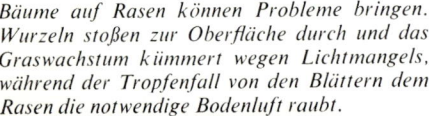

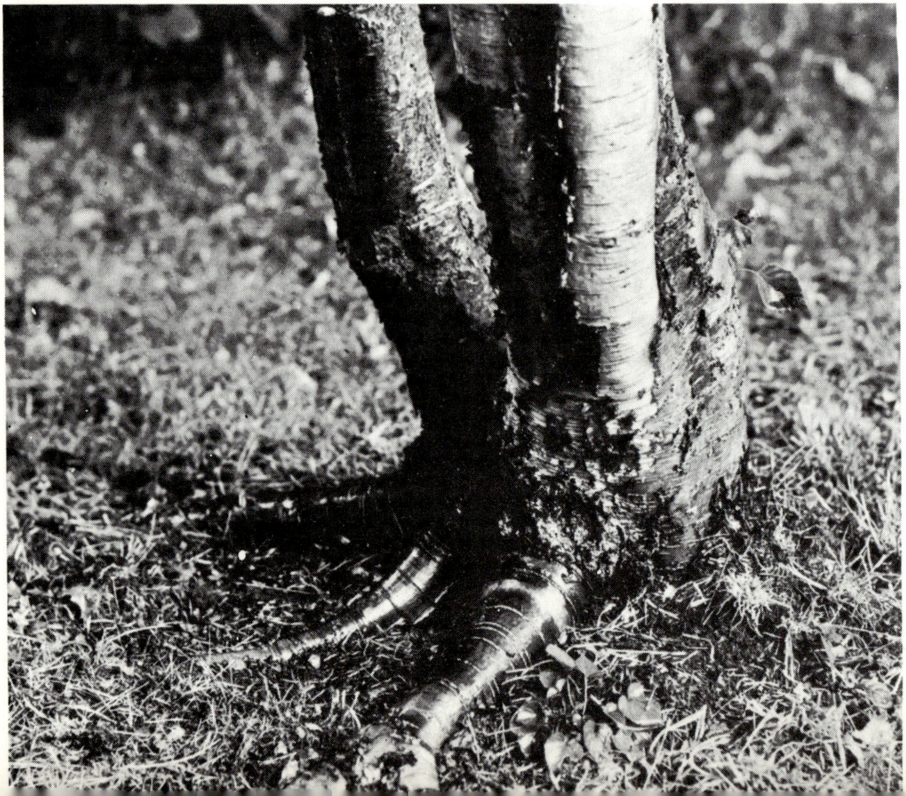

10 Rasenunkräuter und Unkrautvernichtung

Obwohl viele Unkräuter den regelmäßigen Schnitt nicht überleben, gibt es einigee, wie Breit- und Spitzwegerich oder Klee, die unterhalb der Mähmesser erhalten bleiben. Diese und andere Schadunkräuter benötigen eine spezielle Behandlung, damit sie verschwinden.

Die Unkrautzusammensetzung auf Rasen ist im allgemeinen den Bodenverhältnissen und der Pflege angepaßt. Ihr Auftreten ist kein Zufall. Es ist daher die Aufgabe der Rasenpflege, Bedingungen zu schaffen, unter denen die feinen Gräser wachsen und die Unkräuter verschwinden.

Der beste Weg, um Unkräuter abzuhalten, ist die sorgfältige Vorbereitung der Rasenneusaat. Wenn der Boden sorgfältig entwässert und bearbeitet wurde, sind die Wahrscheinlichkeiten des späteren Auftretens von Unkräutern nicht so hoch. Wenn der Rasen gut angewachsen ist, sorgt die richtige Pflege für kräftiges Wachstum, so daß der Rasen erfolgreich mit dem Unkraut-Wachstum wetteifern kann. Regelmäßige Düngung unterstützt ihn dabei, wenn er regelmäßig in der richtigen Höhe gemäht, belüftet und abgerecht wird.

Einigen Dauerunkräutern gelingt es trotz guter Pflege dennoch, sich im Rasen einzunisten. Der einfachste Weg, sie zu entfernen, ist die chemische Unkrautvernichtung. Gänseblümchen und Wegerich können durch Aufstreuen von 100–150 g/m² Rasensand bei mildem ruhigem Wetter bekämpft werden. Widerstandsfähigere Arten wie Spitzwegerich, Sternkraut, Habichtskraut, kriechender Hahnenfuß, Klebkraut, Löwenzahn, Hirtentäschel, Klee, Vogelmiere, Labkraut und Schafgabe machen die Behandlung mit selektiven Wuchsstoff-Unkrautvernichtern notwendig. Diese werden gespritzt oder kombiniert mit Düngern gestreut.

Der Wirkungsmechanismus der selektiven Wuchsstoff-Unkrautvernichter besteht darin, daß die Wirkstoffe, die in den Saftstrom der Unkräuter gelangen, dort extrem starke Zellteilungen verursachen, so daß die Pflanze sich überwächst und in etwa 2–3 Wochen abstirbt. Die besten Resultate ergeben die Kombinationsprodukte. Am meisten verwendet werden Kombinationen aus 2,4-D mit Mecoprop, Dichlorprop oder Dicamba. Diese werden gewöhnlich mit einer Gießkanne oder einem Sprühgerät über der Rasenfläche verteilt. Während sie gegen die Rasenunkräuter sehr wirksam sind, töten sie jedoch nicht Moos ab. Auch den Gräsern schaden sie nicht.

Die beste Zeit für die Anwendung der Rasenherbizide sind die Monate Mai und Juni, in denen die Unkräuter und das Gras stark wachsen. Es ist günstig, mit einem Rasendünger 2 oder 3 Wochen vor Anwendung des Unkrautvernichters zu düngen. Aus 2 Gründen:
1. weil starkes Wachstum sehr notwendig ist, um die Behandlung wirksam werden zu lassen und
2. weil die Gräser bei starkem Wachstum die von den abgestorbenen Unkräutern hinterlassenen Kahlstellen schnell überwachsen.

Einige Arten sind jedoch sehr resistent gegen chemische Mittel. Gegen diese Arten ist eine zweite Behandlung nach 4 Wochen notwendig.

Die Kombination von Dünger und Herbizid, die mit einem Düngerstreuer im Rasen verteilt werden kann, ist der bequemste Weg, beide

◄ Gras unter Bäumen braucht nur höher und unregelmäßig gemäht zu werden.

Arbeiten während des Sommers durchzuführen. Es gibt dafür Spezialprodukte.

Bei der Anwendung von Unkrautvernichtern auf dem Rasen sind einige wichtige Regeln zu beachten. Arbeiten Sie nicht bei Wind, sondern am späten Nachmittag eines windstillen Tages.

Wenden Sie den Unkrautvernichter an, wenn 48 Stunden trockenes Wetter zu erwarten sind – jedoch niemals während einer Trockenperiode. Wenn es innerhalb 48 Stunden nicht regnet, wässern Sie den Dünger mit Unkrautvernichter durchdringend ein. Mähen Sie 2 oder 3 Tage vor und nach der Anwendung nicht. Nach der Unkrautbehandlung dürfen Sie das Mähgut erst vom 5. Schnitt an zum Mulchen von

Gehölzen oder Rabatten verwenden. Wenn Sie das Mähgut kompostieren, dann warten Sie mindestens 6 Monate oder länger, ehe Sie den Kompost ausbringen. Verwenden Sie die Spezialunkrautvernichter nicht auf neu gesätem Rasen oder frisch gelegten Soden und auch nicht auf Rasenflächen, in denen Zwiebelgewächse wachsen, ehe deren Blätter abgestorben sind. Auf jeden Fall müssen Sie die Gießkanne bzw. das Sprühgerät nach Gebrauch gründ-

Obwohl ein paar Gänseblümchen im Gras reizend aussehen mögen, gehören sie keinesfalls in den perfekten Rasen. Sie werden sie los mit einem Unkrautvernichter, den Sie aus einer Kanne über die Blätter gießen (s. auch Abb. S. 84).

lich spülen und den Düngerstreuer säubern. Mit den Rasenunkräutern kann man im Vergleich zu Moos verhältnismäßig leicht fertigwerden. Obwohl oft allein der schlechten Entwässerung zuzuschreiben, kann das Wachstum von Moos von einer Anzahl Faktoren oder deren Kombinationen verursacht sein, z.B. Bodenverdichtung, starker Schatten, Nährstoffmangel, zu kurzes Mähen, organisches Material auf der Oberfläche.

Wenn man das Moos auch mit einem Moosvernichter ausmerzen und dem Rasen ein gutes, einheitliches Aussehen verschaffen kann, wird das Problem immer wieder auftreten, bis die Grundfehler beseitigt sind.

Bodenverdichtung, eine verbreitete Ursache für Vermoosung, ist häufig auf den schweren feuchten Böden. Sie verhindert den Luft- und Wasseraustausch und ein gesundes Wachstum der Graswurzeln. Stacheln mit einer nachfolgenden Gabe von gewaschenem Sand mildert

das. Wenn der Boden jedoch schwer ist und zur Verdichtung neigt, dann hilft ein zusätzliches leichtes Stacheln im Sommer auf den belasteten Flächenteilen, um das Wasser abzuleiten und der Vermoosung vorzubeugen.

Ein einleuchtender Grund für die Vermoosung von Rasen ist starker Schatten. Es ist besser, an solchen Stellen anstelle von Rasen Bodendecker zu pflanzen. Wenn Sie jedoch dort noch nachsäen oder Kahlstellen ausbessern, können Sie versuchen, eine schattentolerante Grassaatmischung zu wählen, mit der das Vermoosungsproblem gemildert wird.

Wenn Sie einen Rasen hungern lassen, dann bekommen Sie bestimmt Probleme. Abgesehen von schlechter Farbe und einer offenen Rasendecke wird das Moos mit Sicherheit versuchen, die Oberhand zu gewinnen. Frühjahrs- und Sommerdüngungen sind wichtig für den Rasen, aber auf stark moosgefährdeten Flächen ist es lebenswichtig, eine Herbstdüngung zu geben.

Einer der häufigsten Gründe für Moosbesatz ist das Skalpieren des Rasens, selbstverschuldet durch Übereifer oder Fahrlässigkeit. Das Gras muß Gelegenheit haben, genügend Blattmasse für ein gesundes Wachstum zu entwickeln.

Es sind die Blätter der Gräser, die den Rasen grün machen, schön und federnd beim Betreten. Folgen Sie der Richtschnur für gutes Mähen, schneiden Sie Zierrasen nie kürzer als 1 1/2 cm und erhöhen Sie die Schnittlänge auf 2 cm zum Herbst hin.

Auf älteren Rasenflächen kann ein anderer Faktor zur Moosbildung beitragen. Es ist die Anreicherung der Oberfläche mit Mähgut, das eine faserige „Matte" bildet. Diese hält zuviel Feuchtigkeit zurück und verhindert ein kräftiges Wurzelwachstum der Gräser. Lüften und Rechen helfen, das von Anfang an zu verhindern und dienen auch der Heilung.

Viele Jahre lang wurde Rasensand erfolgreich zur Bekämpfung von Moos verwandt. Er setzt sich zusammen aus Eisensulfat und Ammoniumsulfat in feiner Form plus Sand als Trägerstoff. Herbst oder Frühjahr sind die üblichen Anwendungszeiten. Man gibt etwa 130 g/m². Die Wirkung dieses Moosvernichters besteht im Verätzen und Abdecken des Mooses und ist in etwa 10 Tagen vollendet.

Beseitigen Sie Dauerunkräuter durch Einzelbehandlung mit einer Bürste. Von Mai bis September ist die beste Zeit für die generelle Bekämpfung von Rasenunkräutern.

Nach dem Abdecken des Mooses rechen Sie den Rasen systematisch ab, sie entfernen damit nicht nur das tote Moos, sondern gleichzeitig andere zersetzte Materialien und stiften damit großen Nutzen für den Rasen.

Achten Sie sorgfältig darauf, daß Sie den Rasensand gleichmäßig mit 130 g/m² streuen. Er neigt zur Verdichtung und damit zur schlechten Verteilbarkeit. Ehe Sie aber einen verbrannten Rasen riskieren, nehmen Sie lieber einen der speziellen Moosvernichter. Moosvernichter werden am besten bei trockenem Wetter angewandt. Es sollte jedoch nachgewässert werden, wenn nicht innerhalb von 48 Stunden Regen fällt, um Schädigungen am Gras zu vermeiden.

Die Anwesenheit von Flechten zeigt normalerweise einen stark verhungerten Rasen an, der zu kurz gemäht worden ist. Zur Abhilfe düngen Sie regelmäßig und streuen Rasensand zur Vernichtung der Flechten. Der Schleim von Algen ist normalerweise das größte Problem auf neu gesätem Rasen, dessen Oberfläche besonders feucht ist.

Kleenester auf dem Rasen sind ein sicheres Zeichen dafür, daß das Gras nicht genügend Stickstoff bekommt. Mähen Sie den Rasen kurz und geben Sie anschließend einen Unkrautvernichter, um den Klee loszuwerden.

Lüften Sie, gießen Sie dann eine Lösung von 90 g Eisensulfat in 15 1 Wasser je 10 m² gleichmäßig über die Rasenfläche.

Wie alle chemischen Substanzen, müssen Sie die Unkrautvernichter für Kinder und Tiere unzugänglich aufbewahren. Wenn die Mittel mit Wasser auf Anwendungskonzentration verdünnt und ausgebracht sind, ist die Gefahr nur noch gering.

Der Spitzwegerich ist ein allgemein verbreitetes und verdrängendes Unkraut. Seine Blätter liegen flach auf dem Boden, so daß der Mäher sie nicht erfassen kann und sie ersticken das Gras unter ihnen. Herbizide sind bisweilen in der Wirkung unsicher. Ausstechen von Hand ist ein sicherer Weg, sie zu vernichten. Sie hinterlassen Kahlstellen, die am besten nachgesät werden.

Wirkstoff – Ratgeber zur Unkraut-Vernichtung
Wirkung auf Unkraut: + = bekämpft +/− = unsicher − = nicht bekämpft

Unkraut-Name		Wirkstoffe: 2, 4 − D	Dicamba	2, 4 − DP
Ehrenpreis-Arten	*Veronica spp.*	−	+/−	+/−
Fadenehrenpreis	*Veronica filiformis*	−	−	−
Gänseblümchen	*Bellis perennis*	+	+	+
Gemeine Braunelle	*Prunella vulgaris*	−	+	−
Gundermann	*Glechoma hederacea*	−	+	−
Kriechender Hahnenfuß	*Ranunculus repens*	−	+	+/−
Hirtentäschel	*Capsella bursa pastoris*	+	+	+
Hornkraut	*Cerastium arvense*	−	+	−
Kriechender Günsel	*Ajuga reptans*	−	+	−
Löwenzahn	*Taraxacum officinale*	+	+	+
Mastkraut (Sternmoos)	*Sagina subulata*	−	+	−
Schafgarbe	*Achillea millefolium*	+/−	+	+
Vogelmiere	*Stellaria media*	−	+	+
Wegerich, breiter	*Plantago major*	+	+/−	+
Wegerich, schmaler	*Plantago lanceolata*	+	+/−	+
Weißklee	*Trifolium repens*	+/−	+	+/−

Am weitesten verbreitet auf dem deutschen Markt und damit für den Rasenfreund am leichtesten zu beschaffen sind die folgenden Rasen-Unkrautvernichter:

a. *Kombination von Dünger mit den Wirkstoffen 2, 4 − D + Dicamba:* Compo-Rasen-Floranid mit Unkrautvernichter, Euflor Rasendünger mit Unkrautvernichter, Hornoska Golf mit Unkrautvernichter, Scotts Rasendünger mit Unkrautvernichter.

b. *Spritzmittel mit den Wirkstoffen 2, 4 − D + 2, 4 − DP:* Celatox CMPP Combi, Compo U 46 KV Combi fluid, Rasen-Hedonal, Utox KV Combi fluid.

c. *Spritzmittel mit den Wirkstoffen 2 4 − DP + 2, 4, 5 − T + Dicamba:* Compo-Rasenunkraut-Vernichter.

11 Rasentypen anderer Art

Nichtgras–Rasen

Ein unkonventioneller Freizeitgärtner zieht es vielleicht vor, statt Gras einzusäen, lieber einen Rasen anzulegen, der wenig oder gar kein Gras enthält. Wie gut jedoch derartige Nichtgras-Rasen angelegt und gepflegt werden, sie können sich weder in Dichte noch im Aussehen mit einem echten Qualitätsrasen messen.

Die süß duftende *Echte Kamille* (*Anthemis nobilis*) ist eine bevorzugte Pflanze für Nichtgras-Rasen. Ihr Vorteil ist der ansprechende Duft, den sie beim Zerreiben ausströmt. Die Kamille ist eine sehr locker wachsende Pflanze, die nicht leicht zu einer geschlossenen Rasendecke zusammenwächst. Deshalb ist es ratsam, sie gemeinsam mit Gräsern anzupflanzen.

Die übliche Methode für die Anlage eines Kamillenrasens beginnt damit, daß man die Fläche dünn mit feinen Rasengräsern besät und zwar mit nur einem Viertel der normalen Saatmenge. Nachdem das Gras aufgelaufen ist und zweimal geschnitten wurde, werden die Kamillenpflanzen in Abständen zwischen 20 und 25 cm gepflanzt. Kamille kann aus Samen gezogen werden, der dünn in ein vorbereitetes Saatbett aus feiner Erde gesät wurde. Die wachsenden Pflanzen bilden an der Basis zahlreiche horizontale Seitentriebe. Zur Gewinnung von Pflanzenmaterial pflanzen Sie diese Seitentriebe als Stecklinge in feine Erde.

Das Hauptproblem bei einem Kamillenrasen ist die Unkrautbekämpfung. Die niedrige Gräserzahl und der lockere Wuchs der Kamille lassen Stellen frei, die das Eindringen von Unkräutern begünstigen.

Diese Unkräuter müssen von Hand gejätet werden, da die üblichen Rasenunkrautbekämpfungsmittel leider auch die Kamille vernichten würden.

Kamillenrasen sollte man nur leicht mit hochgestellten Messern schneiden, so daß nur die Spitzen der Pflanzen gekappt werden.

Ein besser strapazierfähiger Duftrasen kann aus *Thymian* angelegt werden. Man schneidet ihn nur gelegentlich mit der Sense.

Manche Leute bevorzugen Rasen, der ausschließlich aus *Klee* besteht. Im Grasrasen ist Klee ein Unkraut. Damit geplagte Rasenbesitzer werden gemerkt haben, daß der Klee seine sattgrüne Farbe auch bei sehr trockenem Wetter behält, wenn die umgebenden Gräser sie verlieren. Das Hauptmerkmal des Klees ist es, daß er erfolgreich langen Trockenperioden widersteht, insbesondere auch auf leichten durchlässigen Böden. Klee kann so kurz wie Gras gemäht werden und sein niedriger teppichartiger Wuchs läßt kein Unkraut aufkommen.

Es gibt noch eine weitere Möglichkeit: *Schafgarbe.*

Die Schafgarbe ist eine fiederblättrige, dunkelgrüne, ausdauernde Pflanze. Ihre Blätter haben ein angenehmes Aroma, die Pflanze ist recht widerstandsfähig gegen Trockenheit. Wenn sich ein Rasen aus Schafgarbe erst einmal gebildet hat, kann er kurz gemäht werden. Die Aussaat erfolgt im Frühjahr mit niedriger Saatmenge.

Blumenzwiebeln

Im Frühjahr blühende Blumenzwiebelpflanzen wirken am schönsten im Rasen. Nach der lichtarmen Eintönigkeit des Winters bringen insbesondere *Krokusse* und *Schneeglöckchen* Leben in den Rasen, verursachen aber auch Probleme.

Wenn Blumenzwiebeln jedes Jahr wieder im Rasen blühen sollen, muß man ihre Blätter solange wachsen lassen, bis sie im Mai oder zeitigen Juni von selbst absterben. Bisweilen erhält der Rasen jedoch seinen ersten Schnitt bereits im März und wird später während der Hauptwachstumszeit mindestens zweimal wöchentlich gemäht. Das bedeutet, daß die Flächen mit Blumenzwiebeln mehrere Wochen

Sie verringern Ihre Mühen stark und erhöhen die Attraktivität Ihres Rasens beträchtlich, wenn Sie Blumenzwiebeln unter Bäume stecken, wo das Gras langwachsen kann bzw. Bodendecker wachsen.

lang ungemäht bleiben müssen, wodurch der Rasen dort ein unordentliches, vernachlässigtes Aussehen erhält.

Unter diesen Umständen ist es besser, keine Blumenzwiebeln in den Rasen zu stecken, wenn er das Bild eines gut gepflegten, mustergültigen Zierrasens bieten soll. Es ist dann klüger, sie gruppenweise in weniger kurzgemähte Obstgärten oder in den Rasen hinter dem Haus zu stecken, der mehr als Gebrauchsrasen dient. Die geringste Mühe verursachen Blumenzwiebeln, wenn sie unter oder nahe bei schattigen Bäumen gesteckt werden. Gras wächst im Baumschatten langsamer und sieht daher nicht so ungepflegt aus, wenn es bis in den Sommer hinein nicht geschnitten wird.

In einem großen Garten kann man auch eine naturbelassene Grasfläche, also eine Wiese einplanen, in der die Blumenzwiebeln ungestört gedeihen können. Mit Bäumen durchsetzt, ist eine solche Anordnung ein außerordentlich attraktiver, wenn auch unkonventioneller Rasen, auf dem Kinder während der Sommermonate nach Herzenslust toben können.

Falls Sie sogar eine große Grasfläche mit Blumenzwiebeln bestecken wollen, dann sparen Sie viel Zeit, wenn Sie zuerst die Zwiebeln stecken und danach den Rasen anlegen.

Wege

Oft wird zwischen Stellen an entgegengesetzten Enden des Rasens viel hin- und hergelaufen. Der dauernde Verkehr hinterläßt einen deutlich markierten Pfad, der sich durch spärlichen Graswuchs und bei nassem Wetter durch schlammige Kahlstellen deutlich markiert.

Um hier Abhilfe zu schaffen, legt man Platten aus Stein oder Beton in Abständen längs des ausgetretenen Pfades. Legen Sie sie nicht zu weit auseinander. Um die richtigen Abstände zu erhalten, bitten Sie jemanden mit kleiner bis mittlerer Schrittlänge, den Weg abzugehen und jeden Tritt mit einem Stock zu markieren. Dann stechen Sie eine Rasensode aus, die kaum größer ist als die Platte, die sie ersetzen soll. Als nächstes heben Sie so viel

Befolgen Sie genau diese Bau-Anleitung für einen Weg quer über den Rasen:
1. *Platte legen*
2. *Rundum einstechen*
3. *Rasensode abheben*
4. *Platte einsetzen*
5. *Platte fest anklopfen*
6. *Die eingebaute Platte kann mit dem Mäher ohne Probleme überfahren werden.*

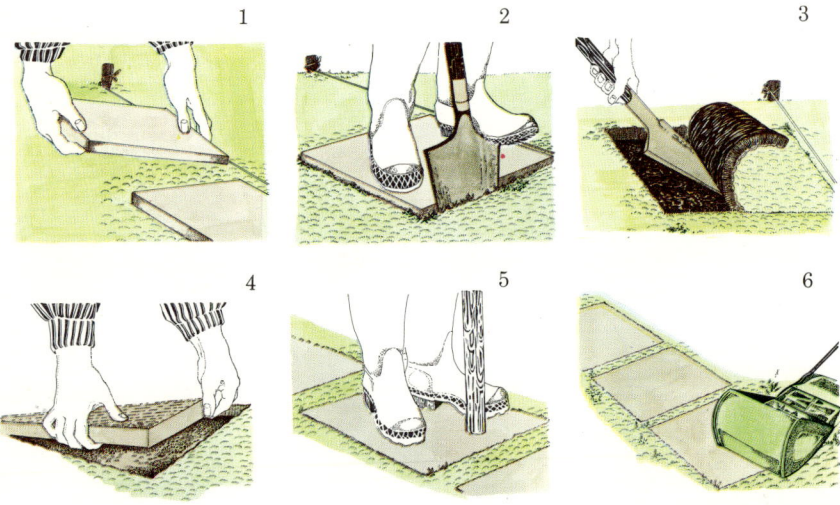

1   2   3   4   5   6

Erde aus, daß die Platte gut in der Vertiefung liegt, mit ihrer Oberfläche gerade unterhalb der Rasenoberfläche. Dann prüfen Sie, ob die Platte festliegt und füllen nötigenfalls ringsum Erde nach, die gut festgedrückt werden sollte.

Dieser Plattenweg verhindert nicht nur, daß ein Pfad ausgetreten wird, sondern er verbessert gleichzeitig den Gesamteindruck des Rasens. Da die Platten unterhalb des Rasenniveaus liegen, kann das Mähen ohne Beschädigung der Messer erfolgen.

Die Auswahl des Materials für Plattenwege ist ein Thema, das über den Rahmen dieses Buches hinausgeht. Im Ganzen gesehen, lohnt es sich zu bedenken, daß Plattenwege ein Blickfang sind und daß daher das beste Material, das Sie sich leisten können, den am meisten befriedigenden Eindruck ergeben wird. Natursteine haben oftmals eine reiche Strukturierung, die von Betonsteinen nicht erreicht wird. Je nach dem Material können Natursteine allerdings bei Feuchtigkeit rutschig werden.

Rasenregeneration

Ein Rasen, der lange Zeit vernachlässigt wurde, braucht ein gründliches Regenerationsprogramm. Da sie weder regelmäßig gedüngt noch gepflegt wurden, sind die Gräser eines vernachlässigten Rasens schwachwüchsig, die Rasendecke ist dünn. Solche offenen Rasenflächen sind gute Keimplätze für die Samen von Unkräutern, die sich dort zum Schaden der Gräser schnell ausbreiten. Daher ist ein regenerationsbedürftiger Rasen über und über mit Unkraut

Plattenwege in Rasenflächen sind eine gute Sache, werden aber in der Praxis selten angelegt.

durchwachsen. Bei extremem Mangel besteht der Rasen hauptsächlich aus Moos, durchsetzt mit grauen, braunen oder schwarzen Flecken bodendeckender Flechten.

Aber nur wenige Rasen sind so weit zerstört, daß sie nicht doch wieder regeneriert werden könnten. Untersuchen Sie die Rasenfläche genau. Falls Sie noch Grashalme zwischen den verschiedenen Arten der Unkräuter entdecken, beginnen Sie im Frühjahr mit den Regenerationsmaßnahmen. Zunächst schneiden Sie alle hohen Unkräuter herunter, dann geben Sie dem Rasen eine Volldüngung, um das Gras zu kräftigen. Zwei Wochen später arbeiten Sie mit einem Moosvernichter, der gleichzeitig die Flechten ausmerzt wird. In dieser Zeit muß das Gras seine Wuchskraft wiedererlangt haben und der Rasen kann jetzt gestachelt werden. Das kann mit einem speziell angefertigten Rasenstachler geschehen oder indem man die Zinken einer Grabegabel bis etwa 15 cm tief in den Boden bohrt, etwa alle 30 cm, auf der gesamten Fläche. Damit belüftet man den Boden.

Etwa 2 Wochen später rechen Sie den Rasen mit einem Eisenrechen ab und entfernen damit das abgestorbene Moos. Danach vernichten Sie die breitblättrigen Unkräuter wie Gänseblümchen und Löwenzahn mit einem Spezial-Rasenunkrautvernichter. Während des restlichen Sommers düngen Sie entweder monatlich mit einem schnellöslichen Mineralvolldünger in normaler Gabe oder ein- bis zweimal mit einer Vorratsgabe eines Spezial-Rasendüngers mit Langzeitwirkung. Nach Ausbessern von Schadstellen und Durchführung der üblichen Pflegemaßnahmen wird sich der Rasen bis zum Herbst vollständig erholt haben. Schließen Sie am besten mit einer Spätherbstdüngung im Oktober/November ab.

Man kann in einer Saison viel tun, um einen vernachlässigten Rasen zu regenerieren:
1. *Hohe Unkräuter schneiden*
2. *Düngen*
3. *Moos vernichten*
4. *Rasen lüften*
5. *Schadhafte Stellen ausbessern*

1

2

3

4

5

92

Stichwortregister